2020年度湖北省教育科学规划重点课题
古代诗文中的劳动教育研究与课程开发

中国古代劳动
经典诗文解读100篇

组委会

主　　任：涂五生

副 主 任：阮寿雄　熊唤林　张兴旺　徐德炜　邓坤明

委　　员：朱呈记　李晚辉　邱建华　成　敏　方宏建

编委会

主　　编：涂五生　张兴旺　王　武

执行主编：程晓荣　朱　妤　郭东烁　徐　湾

编　　委：阮寿雄　熊唤林　徐德炜　邓坤明　郑宗斌
　　　　　成家坤　徐加水　吴继尧　成　敏　鲁　伟
　　　　　王元丽　卓婷婷　袁玉辉　乐晓岚　廖　丹
　　　　　邓娜娜　乐焰萍　阮伶俐　郑格格　肖月涵
　　　　　朱晓婷　吴志慧　盛　强　阮　晓　吴思诺

华中科技大学出版社
http://www.hustp.com
中国·武汉

图书在版编目（CIP）数据

中国古代劳动经典诗文解读 100 篇/涂五生，张兴旺，王武编著. —武汉：华中科技大学出版社，2022.6
 ISBN 978-7-5680-8254-9

Ⅰ.①中… Ⅱ.①涂… ②张… ③王… Ⅲ.①古典诗歌-中国-高中-教学参考资料 ②文言文-高中-教学参考资料 Ⅳ.①G634.303

中国版本图书馆 CIP 数据核字（2022）第 098597 号

中国古代劳动经典诗文解读 100 篇　　　　　　涂五生　张兴旺　王　武　编著
Zhongguo Gudai Laodong Jingdian Shiwen Jiedu 100 Pian

| 策划编辑：程宝仪　靳　强 |
| 责任编辑：徐小天 |
| 封面设计：廖亚萍 |
| 版式设计：赵慧萍 |
| 责任监印：曾　菡 |

出版发行：华中科技大学出版社（中国•武汉）　　电话：(027) 81321913
　　　　　武汉市东湖新技术开发区华工科技园　　邮编：430223

录　　排：华中科技大学出版社美编室
印　　刷：武汉市洪林印务有限公司
开　　本：787mm×1092mm　1/16
印　　张：15
字　　数：220 千字
版　　次：2022 年 6 月第 1 版第 1 次印刷
定　　价：28.00 元

本书若有印装质量问题，请向出版社营销中心调换
全国免费服务热线：400-6679-118　竭诚为您服务
版权所有　侵权必究

序言 获

涂五生

诗从劳动中来，情从劳动中获。自古以来，劳动催生了大量的经典诗文。本书编者们在浩瀚的历史长河中淘出百余篇劳动诗文，或清新，或奔放，或朴实，或热烈。不同时期的作品，从不同的角度去品鉴，会有不同收获。

细细品读劳动经典诗文，我们为之震撼，为之着迷，一幕幕劳动场景，一首首劳动赞歌，净化心灵，催人奋进。

劳动创造社会，劳动发展社会，这是不争的事实。热爱劳动，才能更好地融入社会，推动社会进步；热爱劳动，才能完善自我，超越自我；热爱劳动，才能唤醒他人，引领他人。

劳动是一首歌，让人一路欢欣鼓舞；劳动是一首诗，让人一生踏实幸福。

"罗敷喜蚕桑，采桑城南隅。青丝为笼系，桂枝为笼钩。头上倭堕髻，耳中明月珠"告诉我们：劳而有美。

"日出而作，日入而息。凿井而饮，耕田而食"告诉我们：劳而有律。

"春种一粒粟，秋收万颗子。四海无闲田，农夫犹饿死"告诉我们：劳而有思。

"开轩面场圃，把酒话桑麻。待到重阳日，还来就菊花"告诉我们：劳而有获。

"新筑场泥镜面平，家家打稻趁霜晴。笑歌声里轻雷动，一夜连枷响到明"告诉我们：劳而有乐。

一群老师在闲暇之余，细细挑选出百余篇劳动经典诗文供师生鉴赏，只为告诉我们：奋斗的青春更美丽。热爱劳动不仅是品德，更是义务和责任，让我们从劳动经典诗文中汲取力量，收获崇高品德，一路劳动，一路诗。

（作者系通山县实验高级中学党总支书记、校长）

目录

中国古代劳动经典诗文解读一○○篇

1	弹歌	先秦古歌	001
2	击壤歌	先秦古歌	003
3	女承筐	《周易》	005
4	芣苢	《诗经·周南》	007
5	宛丘	《诗经·陈风》	009
6	东门之池	《诗经·陈风》	011
7	七月	《诗经·豳风》	013
8	十亩之间	《诗经·魏风》	018
9	伐檀	《诗经·魏风》	020
10	楚茨	《诗经·小雅》	022
11	大田	《诗经·小雅》	026
12	噫嘻	《诗经·周颂》	029
13	陌上桑	汉乐府	031
14	归园田居·其二	[晋] 陶渊明	034
15	归园田居·其三	[晋] 陶渊明	036
16	庚戌岁九月中于西田获早稻	[晋] 陶渊明	038
17	丙辰岁八月中于下潠田舍获	[晋] 陶渊明	041
18	读《山海经》十三首·其一	[晋] 陶渊明	044
19	捣衣	[北魏] 温子升	046
20	野望	[唐] 王绩	048
21	过故人庄	[唐] 孟浩然	050
22	田园作	[唐] 孟浩然	052
23	采莲曲二首·其二	[唐] 王昌龄	055

24	渭川田家	[唐] 王维	057
25	新晴野望	[唐] 王维	059
26	春中田园作	[唐] 王维	061
27	题农父庐舍	[唐] 丘为	063
28	丁督护歌	[唐] 李白	065
29	子夜吴歌·秋歌	[唐] 李白	067
30	秋浦歌十七首·其十四	[唐] 李白	069
31	效古秋夜长	[唐] 钱起	071
32	咏绣障	[唐] 胡令能	073
33	过山农家	[唐] 顾况	075
34	渔歌子	[唐] 张志和	077
35	观田家	[唐] 韦应物	079
36	采莲曲	[唐] 张籍	082
37	离妇	[唐] 张籍	084
38	夜到渔家	[唐] 张籍	087
39	田家行	[唐] 王建	089
40	浪淘沙九首·其六	[唐] 刘禹锡	092
41	观刈麦	[唐] 白居易	094
42	卖炭翁	[唐] 白居易	097
43	红线毯	[唐] 白居易	100
44	朱陈村	[唐] 白居易	103

45	悯农二首	［唐］李绅	108
46	牧童词	［唐］李涉	110
47	田家词	［唐］元稹	112
48	织妇词	［唐］元稹	115
49	农家望晴	［唐］雍裕之	118
50	老圃堂	［唐］曹邺	120
51	田翁叹	［唐］于濆	122
52	里中女	［唐］于濆	124
53	农家	［唐］颜仁郁	126
54	田家二首·其一	［唐］聂夷中	128
55	田上	［唐］崔道融	130
56	感兴	［唐］郑谷	132
57	蚕妇	［唐］杜荀鹤	134
58	贫女	［唐］秦韬玉	136
59	农父	［唐］张碧	138
60	风流子·茅舍槿篱溪曲	［五代］孙光宪	140
61	畲田词五首·其一	［宋］王禹偁	142
62	畲田词五首·其三	［宋］王禹偁	144
63	畲田词五首·其四	［宋］王禹偁	146
64	江上渔者	［宋］范仲淹	148
65	陶者	［宋］梅尧臣	150

66	煮海歌	[宋]柳永	152
67	蚕妇	[宋]张俞	155
68	书湖阴先生壁二首·其一	[宋]王安石	157
69	郊行	[宋]王安石	159
70	打麦	[宋]张舜民	161
71	新城道中二首·其一	[宋]苏轼	164
72	无锡道中赋水车	[宋]苏轼	166
73	秧马歌	[宋]苏轼	168
74	浣溪沙五首·其三	[宋]苏轼	171
75	钱塘六井记	[宋]苏轼	173
76	种松法	[宋]苏轼	177
77	与子由弟（其七·惠州）	[宋]苏轼	179
78	文氏外孙入村收麦	[宋]苏辙	181
79	劳歌	[宋]张耒	183
80	插秧歌	[宋]郑樵	185
81	观插秧	[宋]葛立方	187
82	横溪堂春晓	[宋]虞似良	189
83	夏四月渴雨恐害布种代乡邻作插秧歌	[宋]陆游	191
84	四时田园杂兴·其二十五	[宋]范成大	193
85	四时田园杂兴·其三十一	[宋]范成大	195
86	四时田园杂兴·其四十四	[宋]范成大	197

87	田舍	[宋]范成大	199
88	插秧	[宋]范成大	201
89	农家六言	[宋]杨万里	203
90	插秧歌	[宋]杨万里	205
91	减字木兰花·莎衫筠笠	[宋]卢炳	207
92	闻田家插秧已毕	[宋]王炎	209
93	南柯子·山冥云阴重	[宋]王炎	211
94	清平乐·村居	[宋]辛弃疾	213
95	乡村四月	[宋]翁卷	215
96	插秧歌	[宋]刘学箕	217
97	赤日炎炎似火烧	[明]施耐庵	219
98	田间	[清]汪楫	221
99	山行	[清]姚鼐	223
100	吴兴杂诗	[清]阮元	225
101	秋日田家杂咏	[清]黄燮清	227

1

弹歌①

先秦古歌

断竹，续竹；
飞②土③，逐④宍⑤。

〔注释〕

①弹（tán）歌：一作《作弹歌》。弹，（用弹弓）发射弹丸。②飞：射出。③土：这里指泥制的圆球。④逐：追赶，猎捕。⑤宍（ròu）："肉"的古字。

〔译文〕

砍伐竹子，连接竹子；
发出泥弹，追捕猎物。

〔解读〕

这是一首反映先民们狩猎生活的诗。在人类社会的发展过程中，原始社会的先民好比人类的童年阶段。我们童年时也制作弹弓，而先民们用石刀或骨刀砍断竹子，用藤类来做弓弦，穿着用树皮或兽皮缝制的衣服，拿着制作好的狩猎工具去打猎。发现了猎物，就将泥弹射出，一旦打中，他们就呐喊着追赶受伤的猎物。这首诗描绘的就是先民们这样的劳动图景。

（成家坤）

2

击壤^①歌

先秦古歌

日出而作^②，日入而息^③。
凿井而饮，耕田而食。
帝力^④于我何有^⑤哉！

〔注释〕

①击壤：中国古代投掷游戏。邯郸淳《艺经》："壤以木为之，前广后锐，长尺四，阔三寸，其形如履。"游戏时，先将一壤置地，在三四十步外用手中的壤击之，中者为上。《论衡·感虚篇》："尧时，五十之民击壤于涂。观者曰：'大哉！尧之德也。'"后以"击壤"为歌颂太平盛世之典故。《晋书·张协传》："六合时雍，巍巍荡荡，玄髫巷歌，黄发击壤。"《北史·郑羲传》："九服感至德之和，四垠怀击壤之庆。"②作：工作，劳动。③息：休息。④帝力：尧帝的力量。⑤何有：有何，有什么（影响）。

〔译文〕

　　太阳升起就劳作，太阳下山便休息。

　　凿井就可有水喝，耕田便可有饭吃。

　　尧帝的力量与我何干！

〔解读〕

　　这是先民吟唱的一首生活赞歌：我们的生活多么幸福！日出而作，日落而息，自给自足，没有纷扰。这是先民吟唱的一首劳动赞歌：劳动让我们衣食无忧，精神愉悦，自由独立！先民的歌声给我们带来了丰富的启示：劳动不仅可以创造物质财富，满足我们生活所需，还可以创造精神财富，使我们精神富足，人格独立。幸福其实很简单，像先民们一样简单生活、快乐劳动就可以感受得到；自由、平等、公正、友爱的和谐社会，需要我们用勤劳的双手共同去创造！

（张兴旺　王武）

3

女承筐

《周易》

女承①筐,无实;
士刲②羊,无血。

～～～～～～～～～～～～～～～～～～～～～～～

〔注释〕

①承：奉，捧着。②刲（kuī）：刺，割（羊）。

〔译文〕

女子捧筐承接，
羊毛蓬松不实；
男子用刀割羊，
一点儿血不流。

〔解读〕

本诗节选自《周易》"归妹"卦的上六爻的爻辞，是我国现存的最早的描写牧民生产劳动场景的诗歌。诗歌描绘了一对男女正配合默契地剪取羊毛的情景，洋溢着牧民劳动的欢悦。女子捧着竹筐在下面承接羊毛，竹筐里的羊毛蓬蓬松松的；男子拿着刀在羊身上割取羊毛，像杀羊的样子，却不见流出一点儿血来。这首歌谣篇幅短小，文字洗练，无雕琢之痕。寥寥数语运用了人物对比、动静对比、虚实对比等表现手法，生动地描绘了牧民劳动时的精彩瞬间。

（张兴旺　王武）

4

芣苢①

《诗经·周南》

采采②芣苢，薄言③采④之。采采芣苢，薄言有⑤之。
采采芣苢，薄言掇⑥之。采采芣苢，薄言捋⑦之。
采采芣苢，薄言袺⑧之。采采芣苢，薄言襭⑨之。

〔注释〕

①芣（fú）苢（yǐ）：也作"芣苡"，草名，即车前子，可食。芣苢多子，古人常用以表示庆贺生子。白居易《谈氏外孙生三日，喜是男，偶吟成篇，兼戏呈梦得》诗："芣苢春来盈女手，梧桐老去长孙枝。"②采采：茂盛的样子。③薄言：薄、言都是语助词，无义。④采：摘取。⑤有：与"无"相对，表示领有。⑥掇（duō）：拾取。⑦捋（luō）：以手握物，向一端顺势摘取。⑧袺（jié）：手提衣襟兜着。⑨襭（xié）：把衣襟掖在腰带间以兜东西。

〔译文〕

好繁茂的芣苢啊，我们来采摘。好繁茂的芣苢啊，我们来取摘。

好繁茂的芣苢啊，我们来拾取。好繁茂的芣苢啊，我们来捋取。

好繁茂的芣苢啊，我们提着衣襟兜着。好繁茂的芣苢啊，我们掖着衣襟兜着。

〔解读〕

这首诗运用了重章叠句的表现手法，全诗十二句，就有六句是"采采芣苢"，另六句仅替换了动词。读之却不腻，仿佛眼前出现了一群女子，在平原，在旷野，一边采摘芣苢，一边哼唱着"芣苢之歌"，歌声时断时续，若远若近，如袅袅炊烟，似淡淡晨雾。她们为什么喜欢采摘芣苢呢？她们认为芣苢不仅能充饥、饲畜，还"宜怀任（妊）"，所以她们采摘时满怀着生儿育女、繁衍生息的美好憧憬。六个"采采"的反复，使全诗贯穿着连续不断的合唱旋律，让读者强烈地感受到当时欢快的劳动节奏、欢畅的劳动氛围。三章采用渐进式结构，从发现茂盛的芣苢兴奋地采，发展到又掇又捋高兴地采，直至塞满了衣襟仍不停地采，层层铺垫，直抵高潮，耐人寻味。

（张兴旺　王武）

5

宛丘①

《诗经·陈风》

子②之汤③兮,宛丘之上兮。洵④有情兮,而无望兮。
坎⑤其击鼓,宛丘之下。无冬无夏,值⑥其鹭羽。
坎其击缶⑦,宛丘之道。无冬无夏,值其鹭翿⑧。

〔注释〕

①宛丘:四周高、中间平坦的土山。②子:这里指跳舞的女巫。③汤(dàng):同"荡",形容舞姿摇摆的样子。④洵(xún):确实,诚然。⑤坎:击鼓等乐器的声音。⑥值:执,持。⑦缶(fǒu):瓦制的打击乐器。⑧鹭翿(dào):用白鹭羽毛制成的一种舞具。

〔译文〕

你的舞姿热情又奔放,翩翩在宛丘山坡上。我确实钟情于你啊,埋藏心底不敢奢望。

鼓儿敲得咚咚响,宛丘下你惊艳全场。无论寒冬与炎夏,鹭羽飞扬伴着你。

缶儿敲得当当响,你欢舞于宛丘大道上。无论寒冬与炎夏,你头饰鹭羽真漂亮。

〔解读〕

这是一首献给以巫为职业的舞女(以舞降神者)的情歌,是一首对所恋慕的女子的赞歌:你的舞姿,优美、热情又奔放;你热爱舞蹈,寒暑不让,在坡上、坡下、大道旁,处处展现你翩翩的舞姿,处处都是欣赏你的群众;到一线去!到基层去!到劳动人民生活的地方去!这里才是你绽放的舞台,这里才有你创作的源泉。这首小诗告诉我们:只有植根于劳动人民的艺术,才能万古长青;只有服务劳动大众的艺术,才最受欢迎。本诗运用了"赋"的表现手法,一咏三叹,极尽对这位舞者的赞美之情、爱慕之意。

(张兴旺 王武)

6

东门之池

《诗经·陈风》

东门之池,可以沤①麻。彼美叔姬②,可与晤歌③。
东门之池,可以沤纻。彼美叔姬,可与晤语④。
东门之池,可以沤菅⑤。彼美叔姬,可与晤言。

〔注释〕

①沤(òu):浸泡。②叔姬:叔,排行第三。姬,姓,一说对妇女的美称。诗中"叔姬"是美女的代称,不一定为确指。③晤(wù)歌:即对唱。晤,对、相遇。④晤语:对面谈话。⑤菅(jiān):一种多年生的草本植物,茎可编绳织鞋。

〔译文〕

东城门外清水河,可以浸麻和泡葛。有位美丽的姑娘,和她相约把歌唱。

东城门外清水河,泡浸苎麻许许多。有位美丽的姑娘,和她相处把话聊。

东城门外清水河，泡浸菅草一棵棵。有位美丽的姑娘，和她相谈诉衷肠。

[解读]

　　这是一首欢快的劳动之歌。诗中描绘的劳动场面，时至今日还屡见不鲜。沤麻的水是有相当强烈的臭味的，将长时间浸泡的麻从水中捞出，洗去泡出的浆液，再剥离麻皮，是一项相当艰苦的劳动。但是，在这艰苦的劳动中，小伙子能和自己钟爱的姑娘在一起，又说又唱，心情就大不同了。艰苦的劳动变成温馨的相聚，歌声便充满欢乐。全诗三章，其实表达的是一个意思，第一章已经将这个意思全部表达了，第二、三章只是复沓。复沓这种将部分词句反复咏唱的方式，正是中国民歌中常见的艺术表现手法。复沓手法的运用，既表现劳动青年感情的纯朴强烈，又强化了诗歌的主题。每章只换两个字："沤"的对象不只是麻，还有苎麻、菅草；"晤"的形式变了，除了歌，还有言来语去。这说明随着劳动过程的延续，爱情的温度也在渐渐升高。诗以浸泡麻起兴，不仅写明情感发生的地点，也暗示了情感在交流中的加深，麻的浸泡，正意味情意的逐渐深厚，而根本的还在于两人可以相"晤"，这正是情感发生的基础。

（熊唤林　涂五生）

7

七月①

《诗经·豳风》

　　七月流②火③,九月授衣④。一之日⑤觱发⑥,二之日栗烈⑦。无衣无褐⑧,何以卒岁?三之日于耜⑨,四之日举趾⑩。同我妇子,馌⑪彼南亩⑫;田畯⑬至喜。

　　七月流火,九月授衣。春日⑭载⑮阳⑯,有鸣仓庚⑰。女执懿筐,遵彼微行,爰⑱求柔桑。春日迟迟,采蘩⑲祁祁⑳。女心伤悲,殆及公子同归㉑。

　　七月流火,八月萑苇㉒。蚕月㉓条桑㉔,取彼斧斨㉕,以伐远扬㉖,猗㉗彼女桑㉘。七月鸣䴗㉙,八月载绩。载玄㉚载黄,我朱孔阳,为公子裳。

　　四月秀葽㉛,五月鸣蜩。八月其获,十月陨萚㉜。一之日于㉝貉㉞,取彼狐狸,为公子裘。二之日其同㉟,载缵㊱武功㊲。言私其豵㊳,献豣㊴于公。

　　五月斯螽㊵动股㊶,六月莎鸡㊷振羽㊸。七月在野,八月在宇,九月在户,十月蟋蟀入我床下。穹窒㊹熏鼠,塞向㊺墐㊻户。嗟我妇子,曰㊼为改岁㊽,入此室处。

六月食郁(49)及薁(50)，七月亨葵及菽。八月剥(51)枣，十月获稻；为此春酒(52)，以介(53)眉寿(54)。七月食瓜，八月断壶，九月叔(55)苴(56)。采荼(57)薪樗(58)，食我农夫。

九月筑场圃，十月纳(59)禾稼(60)，黍稷重(61)穋(62)，禾(63)麻菽麦。嗟我农夫！我稼既同，上入执宫功(64)：昼尔于茅，宵尔索绹(65)。亟(66)其乘屋(67)，其始播百谷。

二之日凿冰冲冲(68)，三之日纳于凌阴(69)。四之日其蚤，献羔祭韭(70)。九月肃霜(71)，十月涤场。朋酒斯飨，曰杀羔羊，跻彼公堂，称彼兕觥，万寿无疆！

〔**注释**〕

①七月：夏历七月。②流：向下行。③火：或称大火，星名，即心宿二。每年夏历五月黄昏，此星当正南方，在正中和最高的位置，六月以后就偏西向下行。④授衣：将裁制冬衣的工作交给妇女。⑤一之日：即夏历十一月。⑥觱（bì）发：寒风触物之声。⑦栗烈：或作“溧冽”，形容寒气刺骨。⑧褐：粗布衣服。⑨于耜（sì）：修理耜（一种类似犁的农具）。于，指修理。⑩举趾：举足下田耕作。⑪馌（yè）：送饭。⑫南亩：泛指田地。⑬田畯（jùn）：农官，掌管田土和农业生产。⑭春日：指夏历三月。⑮载：开始。⑯阳：天气温暖。⑰仓庚：鸟名，即黄莺。⑱爰（yuán）：于是。⑲蘩（fán）：草名，即白蒿。⑳祁祁：众多的样子（指采蘩妇女）。㉑殆及公子同归：怕被公子强带回家。公子，指豳公之子。一说公子为豳公之女，本句意为怕被带去陪嫁。㉒萑（huán）苇：（收集）荻草和芦苇。㉓蚕月：夏历三月。㉔条桑：修剪桑树。㉕斨（qiāng）：方孔的斧头。㉖远扬：指长得太长而高扬的桑树枝条。㉗猗（yǐ）：束而采之。㉘女桑：嫩桑叶。

㉙鵙（jú）：鸟名，即伯劳。㉚玄：黑而带赤的颜色。玄、黄指丝织品与麻织品的染色。㉛葽（yāo）：草名。㉜陨萚（tuò）：落叶坠落。㉝于：取。㉞貉（hé）：动物名，外貌像狐狸，昼伏夜出。㉟同：会合，言狩猎之前聚合众人。㊱缵（zuǎn）：继续。㊲武功：指田猎。㊳私其豵（zōng）：言小兽归猎者私有。豵，小猪，泛指比较小的兽。㊴豜（jiān）：三岁的大猪，泛指大兽。㊵斯螽（zhōng）：虫名，也叫螽斯，蝗类鸣虫。㊶动股：言斯螽发出鸣声。古人认为斯螽以两股相切发声。㊷莎（suō）鸡：虫名，即纺织娘。㊸振羽：言动翅发声。㊹穹窒（zhì）：打扫堵塞物。言将室内满塞的角落搬空，便于熏鼠。㊺向：朝北的窗户。㊻墐（jìn）：用泥涂抹。贫家门扇用柴竹编成，冬天涂泥塞缝以防风。㊼曰：《韩诗》作"聿"，发语词。㊽改岁：更改年岁，指过年。㊾郁：植物名，蔷薇科小灌木，果实像李子。㊿薁（yù）：植物名，果实大如桂圆。一说为野葡萄。㊑剥（pū）：同"扑"，打。㊒春酒：冬天酿酒，经春始成，叫"春酒"。㊓介（gài）：祈求。㊔眉寿：长寿。人老眉间有毫毛，叫秀眉，所以长寿称眉寿。㊕叔：拾。㊖苴（jū）：秋麻之籽，可以吃。㊗荼（tú）：菜名，即苦菜。㊘薪樗（chū）：言采樗木为薪。樗，木名，即臭椿。㊙纳：收藏。㊚禾稼：谷物通称。㊛重（tóng）：同"穜"，是早种晚熟的谷。㊜穋（lù）：同"稑"，是晚种先熟的谷。㊝禾：此处专指粟，即小米。㊞宫功：指建筑宫室，或指室内的事。功，事。㊟索绹（táo）：搓绳子。索，动词，指制绳。绹，绳索。㊠亟：急，赶快。㊡乘屋：盖屋。茅和绳都是盖屋需要用的东西。㊢冲冲：凿冰之声。㊣凌阴：藏冰之处。㊤献羔祭韭：用羔羊和韭菜祭祖。《礼记·月令》说仲春献羔开冰，四之日正是仲春。㊥肃霜：犹"肃爽"，天高气爽。

〔译文〕

七月大火向西落，九月妇女缝冬衣。十一月北风呼啸，十二月寒气袭人。粗布衣服都没有，怎么度过这年底？正月开始修农具，二月下地忙春耕。带着妻儿一同去，送饭南田充饥肠；田管老爷喜洋洋。

七月大火向西落，九月妇女缝冬衣。春天太阳暖融融，黄莺婉转枝头唱。姑娘提着深竹筐，沿着小道一路走，伸手采摘嫩桑叶。春天日子渐渐长，人来人往采蒿忙。姑娘心中好悲伤，怕被公子带回家。

七月大火向西落，八月割苇好收藏。三月修剪桑树枝，取来斧头抡起斨，砍掉高枝和长条，攀着细枝摘嫩桑。七月伯劳声声叫，八月纺麻织布忙。染丝有黑又有黄，我染红色更鲜亮，献给公子做衣裳。

四月葽草长得好，五月知了声声唱。八月田间收获忙，十月落叶随风扬。十一月去猎貉子，猎取狐皮清洗好，送给公子做皮袄。十二月大伙会合，继续打猎练功夫。打到小猪归自己，猎到大猪献王公。

五月螽斯弹腿响，六月纺织娘振翅膀。七月蟋蟀鸣田野，八月屋檐底下唱，九月蟋蟀跳进房，十月钻进我床下。打扫房间熏老鼠，封好北窗糊门缝。同我妻儿共感叹，旧年将过新年到，迁入这屋把身安。

六月食李和葡萄，七月煮葵又烧豆。八月把那红枣打，十月下田割稻谷；酿成春酒醇又香，祝贺主人寿命长。七月里面可吃瓜，八月到来摘葫芦，九月拾捡秋麻籽。采些苦菜又砍柴，给咱农夫当口粮。

九月筑好打谷场，十月庄稼收进仓，黍稷早稻和晚稻，粟麻豆麦全入仓。叹咱农夫真辛苦！庄稼刚刚收拾完，又为官家筑宫房：白天外出割茅草，夜里搓绳长又长。赶紧上房盖屋顶，开春还要种百谷。

十二月凿冰冲冲响，正月搬进冰窖藏。二月开初行祭礼，献上羊羔和韭菜。九月天高又气爽，十月清扫打谷场。两壶美酒敬宾客，宰杀羊羔大家尝，登上主人的庙堂，举杯共同敬主人，齐声高祝寿无疆！

〔解读〕

《七月》是《诗经·国风》中最长的一首诗，也是一首经典的农事诗。这首诗从七月写起，按农事活动的顺序，以平铺直叙的手法，逐月描绘了豳地的先民生产劳动的图景。

豳地在今天的陕西省，是周朝先民居住的土地。周人有一个民族特色，"好稼穑，务本业"，劳作便是《七月》的主题。在这首诗中，一年的劳作被精心地编织在时节的转换之中，全诗分为八章，每章在叙事上都可分为两个部分，前部分叙时序性事物，后部分才叙劳动内容。诗歌描绘的场景极具生活情味，一年四季，春耕、夏耘、秋收、冬藏，什么时间从事何种农事，作者娓娓道来。这首诗是先民们在长期的劳动过程中积累的劳动经验，对现在农业生产生活仍有借鉴意义。先民们的劳动，不仅解决了衣食温饱，而且创造了诗歌。

（邓坤明）

十亩^①之间

《诗经·魏风》

十亩之间兮,桑者^②闲闲^③兮。行^④与子还兮!
十亩之外兮,桑者泄泄^⑤兮。行与子逝^⑥兮!

〔注释〕

①十亩:是举成数,不是确数。②桑者:采桑的人。③闲闲:宽闲、悠闲貌。④行:走。一说且,将要。⑤泄(yì)泄:人多的样子。⑥逝:返回。

〔译文〕

十亩桑园宽又宽啊,采桑人多悠闲啊,咱们一起把家还啊!
走出桑园到外边啊,采桑人一群群啊,咱们一起往家奔啊!

〔解读〕

劳动与生计联系在一起,是艰辛;劳动与惩罚联系在一起,是愁苦;

劳动与情怀联系在一起，是从容。试想，哪一样劳动不需要付出，哪一样劳作不充满艰辛？人人都要劳动，何必匆匆，何必纠结，何必愁绪万千？我们左右不了天气，但是可以调节自己的心情。再艰苦的劳动也会因为心态的平和、安详、知足而饱含乐趣。

（熊唤林　涂五生）

伐檀

《诗经·魏风》

坎坎①伐檀兮,寘②之河之干③兮,河水清且涟④猗⑤。不稼⑥不穑⑦,胡⑧取禾三百廛⑨兮?不狩不猎,胡瞻⑩尔庭有县⑪貆⑫兮?彼君子兮,不素餐⑬兮!

坎坎伐辐⑭兮,寘之河之侧兮,河水清且直猗。不稼不穑,胡取禾三百亿⑮兮?不狩不猎,胡瞻尔庭有县特⑯兮?彼君子兮,不素食兮!

坎坎伐轮兮,寘之河之漘⑰兮,河水清且沦⑱猗。不稼不穑,胡取禾三百囷⑲兮?不狩不猎,胡瞻尔庭有县鹑兮?彼君子兮,不素飧兮!

〔注释〕

①坎坎:象声词,伐木声。②寘(zhì):放置,安置。③干:岸。④涟:风吹水面形成波纹。⑤猗(yī):语气词。⑥稼(jià):种庄稼。⑦穑(sè):收获谷物。⑧胡:为什么。⑨廛(chán):农民住的房。

⑩瞻：往前或往上看。⑪县（xuán）：同"悬"，悬挂。⑫貆（huán）：兽名，幼小的貉。⑬素餐：白吃饭，后"素食""素飧"同义。此处为反讽统治阶级不劳而获。⑭辐：车轮上的辐条。⑮亿：周代以十万为一亿。⑯特：三岁的兽，指大兽。⑰漘（chún）：水边。⑱沦：小波纹。⑲囷（qūn）：圆形的谷仓。

〔译文〕

砍伐檀树坎坎声，檀树堆放河两岸，清清河水起波浪。不播种来不收割，为何粮放三百房？不狩猎来不捕猎，为何庭院挂了貆？大人老爷们啊，可没吃闲饭！

砍下檀树做车辐，檀树堆放在岸边。清清河水波浪平。不播种来不收割，为何独占百亿粮？不狩猎来不捕猎，为何庭院挂大兽？大人老爷们啊，可没吃闲饭！

砍下檀树做车轮，檀树堆放在水边。清清河水起波纹。不播种来不收割，为何粮食满谷仓？不狩猎来不捕猎，为何庭院挂鹌鹑？大人老爷们啊，可没吃闲饭！

〔解读〕

这是一首劳动人民表达对不劳而获的剥削者的不满的诗。诗的开头，我们似乎看到了伐木者砍树的情形，"坎坎"伐树的声音一阵阵传来，伐木工人扛着树堆放到河边，他们喘着气，擦擦额头上的汗，看着清清的水流。劳动人民为剥削者伐檀造车、种庄稼、打猎，从事繁重的劳动，与此形成鲜明对比的是统治阶级的剥削者"不稼不穑""不狩不猎"，却"素餐""素食""素飧"，过着富足的生活。诗歌在一唱三叹中歌颂了人民的劳动，辛辣批判了不劳而获的剥削者。

（成家坤）

10

楚茨①

《诗经·小雅》

楚楚②者茨，言抽其棘。自昔何为？我艺黍稷。我黍与与③，我稷翼翼。我仓既盈，我庾维亿。以为酒食，以享以祀。以妥以侑④，以介⑤景福。

济济跄跄，絜⑥尔牛羊，以往烝尝⑦。或剥或亨，或肆或将。祝祭于祊⑧，祀事孔明。先祖是皇，神保是飨。"孝孙有庆，报以介福，万寿无疆！"

执爨⑨踖踖⑩，为俎孔硕，或燔⑪或炙⑫。君妇莫莫，为豆孔庶，为宾为客。献酬交错，礼仪卒度，笑语卒获。神保是格，"报以介福，万寿攸⑬酢⑭！"

我孔熯⑮矣，式礼莫愆。工祝致告："徂赉⑯孝孙。苾芬⑰孝祀，神嗜饮食，卜尔百福。如几⑱如式，既齐既稷⑲，既匡既敕。永锡⑳尔极，时万时亿。"

礼仪既备，钟鼓既戒。孝孙徂位㉑，工祝致告："神具醉止。"皇尸载起，鼓钟送尸，神保聿㉒归。诸宰君妇，废彻不迟。诸父兄弟，备言燕私。

乐具入奏，以绥㉓后禄㉔。尔殽既将，莫怨具庆。既醉既饱，小大稽首㉕。"神嗜饮食，使君寿考。孔惠孔时，维其尽之。子子孙孙，勿替引之。"

〔注释〕

①茨：蒺藜。本诗是周王祭祀先祖的乐歌，诗中"我""孝孙"，都是指周王。②楚楚：茂密丛生的样子。③与与：茂盛的样子。④侑：劝人饮酒进食。⑤介：助。⑥絜（jié）：同"洁"，清洁。⑦烝（zhēng）尝：泛指祭祀。烝，冬祭。尝，秋祭。⑧祊（bēng）：宗庙门内设祭的地方。⑨爨（cuàn）：烧火煮饭。⑩踖（jí）踖：恭谨机敏的样子。⑪燔（fán）：把肉放在火上烤。⑫炙：烤。⑬攸：语助词。⑭酢（zuò）：报答。⑮煤（nǎn）：同"戁"，敬惧。⑯赉（lài）：赏赐。⑰苾（bì）芬：芬芳。⑱几：假借为"期"，指如期祭神。⑲稷：假借为"亟"，敏捷。⑳锡：赐。㉑徂位：指走回原位。㉒聿（yù）：助词，无义。㉓绥（suí）：安，这里指安享。㉔后禄：指祭祀后所余酒肉。㉕稽首：叩头，此处表示向主人告辞。

〔译文〕

茂盛的蒺藜，人们要拔掉它。为什么自古以来都要这样呢？因为要种植高粱和小米。小米茂盛，高粱整齐。我的粮仓堆满了，藏粮过亿。把粮食做成美酒佳肴，用来上供祭祀。让神灵安坐享用，助来年平安幸福。

恭敬严肃的人们，清洗着牛肉羊肉，用来祭祀。有人宰杀剥皮，有人烧火烹煮，有人陈列鼎俎，有人捧献上桌。太祝在宗庙设祭，礼仪非常完备。祖先回来享受祭祀，神灵来享用祭品。"孝孙定有吉庆，赐予福气，保佑万寿无疆！"

掌勺的厨师恭敬机敏，装肉的容器硕大无比，有的烧有的烤。主妇谨慎有礼，一盘盘食物十分丰盛，敬献给宾客。席上觥筹交错，主客遵守礼节，说笑聊天也有分寸。祖先、神灵光临，"赐予福气，保佑万寿无疆！"

我极其恭敬，礼仪周全没有差错。太祝代神致辞："回去赐福给孝孙。祭品散发着浓香，神灵喜欢这些佳肴，赐你们百福。祭祀及时又周全，办事整齐又迅速，态度庄严又谨慎。赐予你们永远的福分，无穷无尽。"

礼仪完备之后，钟鼓也快要敲完。孝孙回到原来的位子，太祝代神致辞："神灵都喝醉了。"神尸离开神位，敲起钟鼓送神尸，神灵回程。厨师和主妇们，赶快撤去祭品。父老兄弟们，一同来宴饮。

准备演奏音乐，来安享祭祀后的酒肉。这些酒菜味道实在不错，所有人都开心地庆祝。酒足饭饱之后，老老少少叩首致谢。"神灵喜欢这些佳肴，让您长寿不老。祭祀非常顺利且美好，主人完全遵守礼仪。子孙后代，不要废除此礼，要长久继承。"

〔解读〕

全诗共六章，七十二句。第一章写祭祀之前的活动。人们清除田地里的蒺藜，种下了黍稷，如今获得了丰收。粮食堆满了粮仓，酿成了酒，做成了饭，就可用来献神祭祖、祈求洪福了。第二章对祭祀活动进行描写。人们步履整肃，仪态端庄，先将牛羊清洗干净，宰剥烹饪，然后盛在鼎俎中奉献给神灵。祖宗都来享用祭品，并降福给后人。第三章进一步展示祭祀的场景。厨师恭谨敏捷，或烧或烤，主妇们勤勉侍奉，主宾互相敬酒酬酢。整个仪式井然有序，笑语融融，恰到好处。第二、三两章着力形容祭典之盛，神灵降福之多。第四章写司仪的"工祝"代表神祇致辞：祭品丰美芬芳，神灵爱尝；祭祀按期举行，合乎法度，庄严隆重，因而要赐给你们亿万福禄。第五章写仪式完成，钟鼓齐奏，主祭人回归原位，司仪宣告神已有醉意，代神受祭的"皇尸"也起身引退。钟鼓声中，人们送走皇尸和神灵，撤去祭品，同姓之亲遂相聚宴饮，共叙天伦之乐。末章写私宴之欢，已到了祭祀的尾声。在乐队伴奏下，大家享受祭后的美味佳肴，酒足饭饱之后,老少一起向主人家叩头致谢。读这首诗,仿佛见到先民们热烈庄严的祭祀仪式,以及祭后家族欢聚宴饮的融洽欢欣的场面。诗歌运用细腻翔实的笔触将这一幅幅画面描绘出来,使人有身临其境之感。全诗结构严谨,风格典雅,宛如一首庄严的交响乐。

(熊唤林 涂五生)

11

大田①

《诗经·小雅》

大田多稼，既种既戒，既备乃事。以我覃②耜③，俶载④南亩。播厥百谷，既庭⑤且硕⑥，曾孙⑦是若。

既方⑧既皂⑨，既坚既好，不稂⑩不莠⑪。去其螟螣，及其蟊⑫贼⑬，无害我田稚。田祖有神，秉畀炎火。

有渰⑭萋萋，兴雨祁祁⑮。雨我公田，遂及我私。彼有不获稚，此有不敛穧⑯。彼有遗秉，此有滞穗，伊寡妇之利。

曾孙来止，以其妇子。馌⑰彼南亩，田畯⑱至喜。来方禋祀⑲，以其骍⑳黑㉑，与其黍稷。以享以祀，以介㉒景福。

〔注释〕

①大田：面积广阔的农田。本诗是周王祭祀田祖以祈年的诗。②覃（yǎn）：同"剡"，锋利。③耜（sì）：古代一种类似锹的农具，用于翻土。④俶（chù）载：开始从事（某工作）。⑤庭：同"挺"，挺拔。⑥硕：大。

⑦曾孙：周王对祖先、神祇自称"曾孙"。⑧方：同"房"，指谷粒已生嫩壳，但还没有合满。⑨皂（zào）：指谷壳已经结成，但还未坚实。⑩稂（láng）：只长穗而不结籽实的禾谷。一说狼尾草。⑪莠（yǒu）：田间似禾的杂草，也称狗尾草。⑫螟（máo）：吃苗根的虫。⑬贼：吃苗节的虫。⑭有渰（yǎn）：即"渰渰"，云起的样子。⑮祁祁：徐徐。⑯穧（jì）：割了而未收的禾把。⑰馌（yè）：送饭到田里给耕者吃。⑱田畯（jùn）：周代农官，掌管田土和农业生产。⑲禋（yīn）祀：古代祭天的典礼，先烧柴开烟，再加上牲体、五谷、玉帛等于柴上焚烧。也泛指祭祀。⑳骍（xīn）：赤色牛。㉑黑：指黑色的猪。㉒介：助。

〔译文〕

农夫们即将在广阔的农田里种庄稼，选好种，修缮好农具，准备工作都完妥。扛着我那锋利的锄具下地，在田里开始劳作。播下五谷杂粮的种子，庄稼长得挺拔又硕大，曾孙看了心满意足。

禾苗开始抽穗，谷壳也已结成，籽粒饱满，长势喜人，地里没有空穗，也没有杂草。除掉螟、螣和蟊、贼，不能让它们祸害我的嫩苗！祈求农神保佑，将害虫们投进大火烧了吧！

凉风拂面，乌云满天，细雨绵绵，淅淅沥沥。雨水落在主人家的公田里，又洒到我家的私田里。那里有没割下来的嫩禾，这里有没捆起来的稻谷。那里有掉落的束束麦子，这里遗漏的散穗也不少，这些都成了孤寡老妇手中的宝物。

曾孙到田间地头来视察，碰上农夫的妻子和孩子们。他们送饭到田头，农官看了喜上眉梢。曾孙恭恭敬敬地祭祀，献上赤牛和黑猪作为祭品，又供上五谷杂粮。曾孙虔诚地献上祭品并且行祭礼，祈求天降大福。

[解读]

　　劳动需要智慧，劳动也创造了智慧。本诗中的劳动，就闪耀着智慧的光芒。在劳作中，先民们懂得选种，懂得整修农具，懂得除草、除害虫，明白水利灌溉的重要性。要想农作物丰收，不仅要尽人事，还要顺天时。

（熊唤林　涂五生）

12

噫嘻①

《诗经·周颂》

噫嘻成王，既昭②假③尔。
率④时⑤农夫，播厥百谷。
骏⑥发⑦尔私⑧，终⑨三十里。
亦⑩服⑪尔耕，十千⑫维耦⑬。

〔注释〕

①噫嘻：向天神祈祷时呼叫的声音。②昭：明，表明。③假：假借为"格"，至，达于。昭假，表明人的诚敬上达于天。④率：率领。⑤时：是，此。⑥骏：迅速。⑦发：开发。⑧私：私田。⑨终：尽。⑩亦：发声词。⑪服：从事。⑫十千：一万人。⑬耦（ǒu）：耦耕，即两人并肩用犁耕地。

〔译文〕

伟大的成王作祷告，诚敬上达神灵。
我将率领这些农夫，去播种百谷。

尽力地开垦你们的私田，种完这三十里田地。

用心地从事你们的耕种，两两成对，万人齐劳动。

〔解读〕

  这是一首反映周朝先民劳动生产的诗。春天来临，正是播种百谷的好时机，周王祭祀完毕，亲自率领大家播种，并训示田官，勉励农夫耕田。诗中描绘了劳动人民集体耕作的壮观场面，体现了劳动人民集体合作的劳动精神。

（成家坤）

13

陌①上桑

汉乐府

  日出东南隅②，照我秦氏楼。秦氏有好女，自名为罗敷。罗敷喜蚕桑③，采桑城南隅。青丝为笼系④，桂枝为笼钩⑤。头上倭堕髻⑥，耳中明月珠。缃⑦绮⑧为下裙，紫绮为上襦。行者见罗敷，下担捋髭须。少年⑨见罗敷，脱帽著帩头⑩。耕者忘其犁，锄者忘其锄。来归相怨怒，但⑪坐⑫观罗敷。

  使君⑬从南来，五马立踟蹰。使君遣吏往，问是谁家姝⑭。"秦氏有好女，自名为罗敷。""罗敷年几何？""二十尚不足，十五颇有余。"使君谢⑮罗敷："宁可共载不？"罗敷前置辞："使君一何愚！使君自有妇，罗敷自有夫！"

  "东方千余骑，夫婿居上头⑯。何用识夫婿？白马从骊驹，青丝系马尾，黄金络马头；腰中鹿卢剑⑰，可直千万余。十五府小史，二十朝大夫，三十侍中郎，四十专城居。为人洁白皙，鬑鬑⑱颇有须。盈盈⑲公府步，冉冉⑳府中趋。坐中数千人，皆言夫婿殊。"

〔注释〕

①陌：田间小路。②隅：角，角落。③喜蚕桑：喜欢采桑养蚕。一作"善蚕桑"。④系：带子，绳子。⑤笼钩：可用来钩桑枝、挑竹筐的一种工具。⑥倭堕髻：一种偏在一侧的发髻。⑦缃：浅黄色。⑧绮：有素地花纹的丝织品。⑨少年：古称青年男子。⑩帩（qiào）头：古代男子束发的头巾。⑪但：仅，只是。⑫坐：因为，由于。⑬使君：汉代称刺史、太守为使君。⑭姝：美丽的女子。⑮谢：告，问。⑯居上头：在行列的前端。⑰鹿卢剑：古剑首以玉作鹿卢形为饰，名鹿卢剑。鹿卢，即"辘轳"，滑车。⑱鬑鬑：须发疏长的样子。古代男性以白面长髯为美。⑲盈盈：美好的样子。⑳冉冉：渐进的样子。

〔译文〕

太阳从东南角升起，照在我秦家的房屋上。秦家有个美丽的女孩，名字叫罗敷。罗敷喜欢养蚕采桑，在城南边采桑。用青丝做篮子上的带子，用桂枝做笼钩。头上梳着倭堕髻，耳朵上戴着明月般晶莹的耳环。浅黄色绸缎做下裙，紫色绫罗做短袄。走路的人看见罗敷，放下担子捋着胡须。青年人看见罗敷，摘下帽子只戴头巾。耕田的人看见罗敷忘记了耕田，锄地的人看见罗敷忘记了锄地。回来后相互埋怨活没干完，只因为贪看美貌的罗敷。

使君从南边来，拉车的五匹马徘徊不前。使君派遣小吏上前，询问是谁家的美人。"是秦家的女儿，名字叫罗敷。""罗敷年龄多大了？""二十岁还不到，过了十五岁。"使君问罗敷："愿意与我一起坐车吗？"罗敷上前回话："使君怎么这样愚蠢！你自有你的妻子，我自有我的丈夫！"

"东方来了一千多个骑马的人，我的丈夫走在最前头。怎么认出我丈夫？他骑着白马，后面跟着小黑马，用青丝系着马尾，金黄色的笼头戴在马头上；他腰中佩着鹿卢剑，价值千万钱。他十五岁在府中做小史，二十岁在朝中做大夫，三十岁做侍中郎，四十岁专有一城。他皮肤白皙，微微长一点胡须。他迈着缓慢的步子，从容地在府中出入。聚会时在座的有几千人，都说我丈夫不一般。"

〔解读〕

　　这是一首乐府叙事诗，诗中的主人公名叫罗敷，是一个勤劳、美丽、聪慧的养蚕女。太阳还只刚刚升起，罗敷就提着篮子——很有可能和其他的女伴一起——来到了城南，那里正有一片桑树林。她采着桑叶，沉浸在劳动的快乐中。

　　罗敷是那样美丽，行者、少年、耕者、锄者，无不欣赏、倾慕她的美貌。与朴实的劳动人民不同，有权有势的使君见到罗敷，向她提出"共载"的建议。聪明的罗敷正直地拒绝了使君，并通过夸赞自己的丈夫来让身份显赫的使君自惭形秽。

　　这首诗通过塑造罗敷形象，赞美了勤劳、机智、正直的劳动人民。

（成家坤）

14

归园田居·其二

[晋] 陶渊明

野外罕人事①，穷巷②寡轮鞅③。
白日④掩荆扉，对酒绝尘想⑤。
时复⑥墟里人⑦，披草⑧共来往。
相见无杂言⑨，但道⑩桑麻长。
桑麻日已长，我土日已广。
常恐霜霰⑪至，零落同草莽。

〔注释〕

①人事：指和俗人结交往来的事。②穷巷：偏僻的里巷。③鞅（yāng）：驾车时马颈上套的皮带。轮鞅，指车马。④白日：白天。⑤尘想：俗念。⑥时复：有时又。⑦墟里人：乡村农人。⑧披草：拨开荒草。指隐居者相互交往或访问隐居者。⑨杂言：指仕宦求禄等言论。⑩但道：只说。⑪霰（xiàn）：小雪粒。

〔译文〕

　　我居住乡间很少与俗世往来,偏僻陋巷里难有车马来往。

　　即便白天也常常紧闭柴门,对着美酒而断绝俗想。

　　时而行走在野草丛生的小路,与那些偏僻村落的农人来往。

　　大家见面后从不谈世俗杂事,只说田园里桑麻作物的生长。

　　我很欣慰自己田地里桑麻一天天长高,开垦的土地面积也不断加大。

　　时常担心霜雪突然降落,使庄稼凋零得如同乱草。

〔解读〕

　　这是一首描写乡居生活美景,赞颂劳动之怡情的诗篇。诗人扣住"罕人事"这一主题展开生动的描述,展示了平等的交往、真诚的交谈、人与人关系的纯朴,平淡的乡居生活透出的是平和安宁。读着诗歌,我们眼前会出现这样的画面:诗人奋力垦荒,细心平土,适时播种,认真除草;桑麻日渐长高,田垄一片葱绿。细细地品读,不仅能领略诗人笔下乡村的宁静,能体味诗人在乡居劳动后心灵的澄明,还能感受到诗人描绘的理想天地的宁静、和谐、美好。

(郑宗斌)

15

归园田居·其三

[晋] 陶渊明

种豆南山①下,草盛豆苗稀②。
晨兴③理荒秽④,带月荷锄⑤归。
道狭草木长,夕露⑥沾我衣。
衣沾不足⑦惜,但⑧使愿⑨无违。

〔注释〕

①南山:指庐山。②稀:稀少。③兴:起床。④荒秽:形容词作名词,指杂草。⑤荷锄:扛着锄头。荷,扛着。⑥夕露:傍晚的露水。⑦足:值得。⑧但:只。⑨愿:指向往田园生活,不与世俗同流合污的意愿。

〔译文〕

在南山下种豆子,杂草茂盛而豆苗稀疏。
清晨早早起床下地除草,直到夜幕降临才披着月光扛着锄头踏上归途。
山间小路狭窄,草木丛生,傍晚的露水沾湿我的衣裳。
衣衫被沾湿,我并不感到可惜,只希望不违背自己归隐的心意。

〔解读〕

　　诗歌虽篇幅短小,却生动描绘了诗人归隐后劳动的场景。开篇两句点明种豆的地点、豆苗的长势,语言平实,如叙家常,淳朴亲切;第三、四句详写诗人起早贪黑劳作的情形,"带月荷锄归"一句描绘归途美景,透露出诗人内心的快乐;第五、六句以细节描写进一步表现劳动的艰辛;而第七、八句则表达出坚守本心、执着理想的信念。全诗虚实相映,言近旨远,令人回味。

(郑宗斌)

16

庚戌岁①九月中于西田获早稻

［晋］陶渊明

人生归有道②，衣食固③其端④。
孰⑤是⑥都不营⑦，而以⑧求自安⑨！
开春理常业⑩，岁功⑪聊⑫可观。
晨出肆⑬微勤，日入⑭负禾⑮还。
山中饶⑯霜露⑰，风气⑱亦先寒⑲。
田家岂不苦？弗⑳获辞此难㉑；
四体㉒诚乃疲，庶㉓无异患㉔干㉕。
盥濯㉖息檐下，斗酒散襟㉗颜。
遥遥沮溺㉘心，千载乃相关。
但愿长如此㉙，躬耕㉚非所叹。

〔注释〕

①庚戌岁：晋安帝义熙六年（410年）。②有道：指有常理。方东树《昭昧詹言》："言人生之理，固有常道。"③固：本来。④端：发端，开头。

⑤孰：何。⑥是：此，指上句中"衣食"。⑦营：规划，经营。⑧以：凭。⑨自安：自得安乐。⑩常业：日常事务，这里指农耕。⑪岁功：一年的农事收获。⑫聊：勉强。⑬肆：体现，展示。⑭日入：日落。⑮禾：指稻子。一作"耒（lěi）"，一种农具。⑯饶：多。⑰霜露：霜和露水，比喻艰难困苦的条件。⑱风气：气候。⑲先寒：早寒，冷得早。⑳弗：不。㉑此难：这种艰难，指耕作。㉒四体：四肢。㉓庶：庶几，大体上。㉔异患：意想不到的祸患。㉕干：触，犯。㉖盥濯：洗手和濯足。㉗襟（jīn）：寒战。一作"襟"。㉘沮溺：即长沮、桀溺，孔子遇到的"耦而耕"的隐者。借指避世隐士。㉙长如此：长期这样。㉚躬耕：亲身从事农业生产。

〔译文〕

　　人生的归属自有常理，穿衣吃饭本是头等大事。

　　谁能不管穿衣吃饭，还可求得内心安乐！

　　初春开始务农，一年的收成勉强可观。

　　清晨下地干农活，日落时背着稻子把家还。

　　住在山中条件不好，天气也冷得早。

　　农民劳作哪能不辛苦？无法摆脱这样的艰难。

　　身体确实很疲倦，还好没有意外的灾难降临。

　　在房檐下洗涤歇息，饮酒驱散寒气。

　　千年前的隐士长沮和桀溺隐耕的志向，依旧与我息息相关。

　　但愿我能长久地像这样生活，心甘情愿躬耕田亩之中。

〔解读〕

　　本诗叙写诗人亲自收割稻谷，抒发虽然亲自劳作、自食其力很辛苦，但自己心甘情愿、怡然自乐的躬耕情怀。开篇提出"人生归有道，衣食固其端"的观点，点明人生在世，衣食乃根本，农业生产作为衣食之源，农业劳动就义不容辞，才有了后文"四体诚乃疲，庶无异患干"的坦然胸襟。

陶渊明以一己之力，无法改变当时动荡而黑暗的社会现状，毅然辞官，归隐田园，亲自耕种。虽说辛苦，但苦在身体上，他的内心依然喜乐，自由自在。

（徐加水）

17

丙辰岁八月中于下潠①田舍获

[晋] 陶渊明

贫居依稼穑②,勠③力东林隈④。
不言春作苦,常恐负所怀⑤。
司田⑥眷有秋,寄声⑦与我谐⑧。
饥者⑨欢初饱⑩,束带候鸣鸡。
扬楫⑪越平湖,泛随清壑⑫回。
郁郁⑬荒山里,猿声闲且哀⑭。
悲风爱静夜⑮,林鸟喜晨开。
曰余作此来,三四星火颓⑯。
姿年⑰逝已老,其事未云乖⑱。
遥谢荷蓧翁,聊得从君栖。

〔注释〕

①下潠(sùn):潠水下泛地区。寻阳有潠水,有潠城。②稼穑(sè):种植和收割,泛指农业劳动。③勠(lù)力:尽力。④隈(wēi):山边或

水流弯曲之处。⑤负所怀：违背自己的愿望。⑥司田：管农事的官，田官。⑦寄声：托人带口信。⑧与我谐：与我的想法一致。谐，和合。⑨饥者：陶渊明自称。⑩初饱：刚刚能够吃上顿饱饭。⑪扬楫（jí）：举桨，即划船。⑫清壑：清澈的山间溪流。⑬嶕（jiāo）嶕：白貌，荒芜貌。⑭闲且哀：悠缓而凄凉。⑮爱静夜：（指秋风）好在安静的夜中呼啸。⑯三四星火颓：指经历了十二年。三四，即十二。星火，即大火星（心宿二）。颓，下倾、下落。每年夏历七月以后，大火星开始向西下落，下落十二次，即经历了十二年。⑰姿年：面目年龄。⑱乖：违背，抛弃。

〔译文〕

贫居于田间，要养家糊口就须依靠农务，我在东林边辛勤劳作。

春种的劳苦艰辛自然不必说，而我经常担心的是会辜负自己的心愿。

主管农事的官员十分关注秋天庄稼的收获，托人传话表达的意思同我心里的愿望一致。

长期挨饿的我很高兴刚刚能吃上一顿饱饭，早早起来整理衣裳等待天亮后下田劳作。

我驾船划桨横渡平湖，在山间清澈的溪流上泛舟回还。

深山里草木荒芜，偶尔传来悠缓哀怨的猿啼。

悲凉的秋风常常在静寂的夜晚呼啸，而清晨太阳升起后，山林间百鸟啼鸣，一派欢乐。

我自从回归田园务农以来，到现在已经整整十二年了。

美好的华年已然逝去，我渐渐变老但不改初衷，依旧耕耘在田头地间。

致意古代那隐居乡野躬耕劳作的先哲，我也在追随着您，向您学习呢！

〔解读〕

本诗是一首诗人执着劳作的颂歌。开篇交代劳作的目的与地点；然后表明自己的愿望和司田一致，这使诗人很欣慰；接着诗人描绘了自己闻鸡而起、辛勤劳作的图景，画面由跋涉艰辛到林间寂寒到鸟唱天明，透露出诗人内心的复杂感受；诗的最后两句致意古代隐居躬耕的先哲，表明心志，揭示自己固穷守节，虽老死田野而始终不悔的决心。全诗真实地反映了诗人归隐后生活艰辛但仍充满信念的生存状态，读来让人感慨。

（郑宗斌）

18

读《山海经》十三首·其一

[晋]陶渊明

孟夏①草木长，绕屋树扶疏②。
众鸟欣有托③，吾亦爱吾庐。
既耕亦已种，时还读我书。
穷巷隔深辙④，颇回故人车⑤。
欢然⑥酌春酒，摘我园中蔬。
微雨从东来，好风与之俱⑦。
泛览⑧《周王传》⑨，流观⑩《山海图》⑪。
俯仰⑫终宇宙⑬，不乐复何如？

〔注释〕

①孟夏：夏历第一个月，即农历四月。②扶疏：枝叶茂盛的样子。③欣有托：高兴有依托的地方。④深辙：指轧有很深车辙的大路。车大辙深，古人常以门外路上多深辙表示贵人来访之多。⑤颇回故人车：这句诗是说连故人的车也掉头回去。⑥欢然：高兴的样子。⑦与之俱：和它一起

来。⑧泛览：浏览。⑨《周王传》：即《穆天子传》。⑩流观：浏览。⑪《山海图》：指《山海经图》。⑫俯仰：低头和抬头。⑬终宇宙：遍及世界。

〔译文〕

　　初夏草木滋长，绿树枝繁叶茂，环绕着我的家。

　　鸟儿找到了依托，快活极了，我也爱我的家。

　　耕地、播种以后，我时常回来读书。

　　住在偏僻的巷子里远离尘世喧嚣，连驾车前来探望的故人都只能调转车头回去。

　　我高兴地喝着春日里酿成的酒，采摘我园中种植的菜蔬。

　　细雨从东边来，还夹杂着清爽的风。

　　我阅读《周王传》，浏览《山海图》。

　　俯仰之间，品鉴宇宙，还有什么比这更快乐？

〔解读〕

　　陶渊明懂得生活。耕种是生活，读书也是生活。有书本的浸润，有精神食粮的滋养，他的日子过得充实而自得，无虑而适意，舒畅而愉悦，逍遥而美好。喝着自家酿的酒，吃自己种的菜，阅读书籍，体察人生、宇宙，好不惬意。

（吴继尧　阮寿雄）

19

捣衣①

[北魏] 温子升

长安城中秋夜长，佳人锦石②捣流黄③。
香杵④纹砧⑤知近远⑥，传声递响⑦何凄凉。
七夕长河⑧烂⑨，中秋⑩明月光⑪。
蠮螉塞⑫边绝候雁⑬，鸳鸯楼⑭上望天狼⑮。

〔注释〕

①捣衣：妇女将织好的衣料铺在捣衣石上用木杵敲平，使之柔软熨帖以便缝衣。②锦石：指精美的捣衣石。③流黄：黄色的丝织品，这里指衣料。④香杵：香木制成的捣衣木棒。⑤纹砧：有花纹的捣衣石，即上句的"锦石"。⑥近远：距离。⑦传声递响：指砧声一声声地传来。⑧长河：银河。⑨烂：灿烂。⑩中秋：中秋节。中国古代常以中秋为团圆之日，诗中也常用中秋明月寄托相思之情。⑪光：亮，这里作形容词用。⑫蠮（yē）螉（wēng）塞：即居庸关，在今北京市昌平区西北。因关上筑土室以观望，状似蠮螉用土筑起的蜂房，故称。蠮螉即细腰蜂。⑬候雁：随时节变

化而迁徙的大雁，此处代指书信。⑭鸳鸯楼：汉朝未央宫中的鸳鸯楼，代指捣衣女子所居住的地方。⑮天狼：星宿名，古人认为此星主战。

〔译文〕

漫漫秋夜里，长安城中的女子在精美的捣衣石上捣着衣料。

从香杵与锦石碰撞发出的捣衣声，能听出距离的远近，砧声一声声地传来，十分凄凉。

七夕之时，银河分外灿烂；中秋之夜，月光那样明亮。

居庸关的音信已经断绝，思念良人的女子夜里难寐，只能登上鸳鸯楼望天狼星。

〔解读〕

该诗开篇描写了一位佳人对月捣衣的场景，捣衣声声声入耳，传遍静谧的长安城，凸显凄凉气氛。后四句引入七夕、长河、中秋、蠮螉塞、鸳鸯楼、天狼星等意象，突出了佳人对远在边塞的丈夫的思念之情。

（徐加水）

20

野望

[唐] 王绩

东皋①薄暮②望,徙倚③欲何依④。
树树皆秋色,山山唯落晖⑤。
牧人驱犊⑥返,猎马带禽⑦归。
相顾无相识,长歌怀采薇⑧。

〔注释〕

①东皋(gāo):诗人隐居的地方,在今山西河津。②薄暮:傍晚。薄,接近。③徙倚:徘徊,来回地走。④依:归依。⑤落晖:落日。⑥犊:小牛,这里指牛群。⑦禽:鸟兽,这里指猎物。⑧采薇:代指隐居生活。相传周武王灭商后,伯夷、叔齐义不食周粟,在首阳山上采薇而食,最后饿死。

〔译文〕

黄昏时分站在东皋村头怅望,徘徊不已,不知该归依哪里。
每棵树都染上了秋天的色彩,每座山都披着落日的余晖。

放牧的人驱赶着牛群返回，猎人骑着马带着猎物归来。

看看彼此，互不相识，长歌一曲，真想隐居山林。

〔解读〕

　　首联叙述薄暮时分，诗人登上东皋远望，内心徘徊犹豫，感到十分孤寂。颔联中，诗人粗线条描绘眼前之景，他看见树木染上了秋色，呈现出一片金黄，落日的余晖洒满山峦，不禁感叹山野是如此宁静、美丽。颈联中，诗人着力描绘山野暮归的场景，牧人驱牛群回家，猎人携猎物归来，令人无比欣喜。颔、颈两联一静一动，树、山、牧人、犊、猎马相互交织，形成一幅绝妙的艺术画卷。尾联诗人触景生情，想到现实中知己难寻，内心充满怅惘和苦闷，只好追怀以前的隐逸之士。由此观之，山野静谧之画面、人们劳作之场景触发了诗人的隐逸情怀。

（卓婷婷）

21

过①故人庄

[唐] 孟浩然

故人具②鸡黍③，邀我至田家。
绿树村边合④，青山郭⑤外斜。
开轩⑥面场圃，把酒话桑麻⑦。
待到重阳日⑧，还来就菊花⑨。

〔注释〕

①过：拜访。②具：准备，置办。③鸡黍：鸡和黏黄米饭，代指农家待客的丰盛饭食。④合：闭，收拢。⑤郭：外城。这里指村庄的外墙。⑥轩：窗户。⑦话桑麻：闲谈农事。桑麻，桑树和麻，泛指庄稼。⑧重阳日：指夏历九月初九重阳节。古人有在这一天登高、饮菊花酒的习俗。⑨就菊花：指饮菊花酒，也有赏菊的意思。

〔译文〕

老朋友置办了丰盛的农家饭食，邀请我到他的农舍做客。
翠绿的树林环绕着村庄，青山在城郭外隐隐横斜。

推开窗户面对稻场和菜园,与朋友举杯共饮,闲谈农事。

等到重阳节,我还要来这里观赏菊花、饮菊花酒。

〔解读〕

  本诗首联交代老朋友准备了美味佳肴,邀请诗人做客。这是故人的待客之道,极具田家风味,简朴感人。颔联写诗人路上所见,绿树环绕村落,青山横斜,由近及远展示了清幽开阔之景,表现了内心的愉悦。颈联转写屋内场景,打开窗户,美景入屋,窗外群山环抱,绿树成荫,窗内老朋友推杯换盏,闲谈农事。此句让读者感受到了浓烈的田家气息,如同闻到了场圃上的泥土味,看到了庄稼的生长过程,也为农家的丰收而欣喜。尾联抒情,作者被这种恬淡安静的农庄生活所吸引,临走时表示,重阳节时,还要再来赏菊品酒。此诗写出了诗人对农家生活的向往和与老朋友的浓厚情谊。

(卓婷婷)

22

田园作

[唐] 孟浩然

弊庐隔尘喧①，惟先②养③恬素。
卜邻④近三径⑤，植果盈千树。
粤⑥余任推迁⑦，三十犹未遇。
书剑⑧时将晚，丘园日已暮。
晨兴自多怀，昼坐常寡悟⑨。
冲天羡鸿鹄，争食羞鸡鹜⑩。
望断金马门⑪，劳歌⑫采樵路。
乡曲⑬无知己，朝端⑭乏亲故。
谁能为扬雄⑮，一荐甘泉赋。

〔注释〕

①隔尘喧：典出陶渊明《饮酒二十首·其五》："结庐在人境，而无车马喧。"②先：先祖。③养：涵养。④卜邻：择邻。⑤三径：原指庭院中的

小路，引申为隐士居住之所。⑥粤：语助词，无意义。⑦推迁：时间推移。⑧书剑：读书使剑。⑨寡悟：少悟，也指难以理解。此句是针对"未遇"而言。⑩羞鸡鹜：典出《楚辞·卜居》："宁与黄鹄比翼乎？将与鸡鹜争食乎？"⑪金马门：汉代宫门。汉代征召来的人都待诏公车，其中才能优异的令待诏金马门。⑫劳歌：劳作之歌。⑬乡曲：犹乡里。曲，乡以下的行政区划。⑭朝端：朝臣之首。⑮扬雄：西汉文学家、哲学家、语言学家，好学深思，写有《甘泉赋》。有宾客以扬雄的文章像司马相如而将他举荐给汉成帝，帝令待诏承明殿。

〔译文〕

简陋的房屋远离尘世的喧嚣，是先祖们恬静、朴素地生活的场所。

结交的邻里是高人隐士，房屋周围种着大片果树。

我到这个年纪，任凭时光流逝，年过三十还没有遇到实现抱负的机会。

苦读诗书，练习剑术，已经晚了，在田园中白白虚度了时光。

早上起来独自有颇多感触，白天常常坐着，也很少有领悟。

艳羡那翱翔天际的鸿鹄，愧疚于当只会争抢食物的鸡鸭。

眺望金马门望眼欲穿，边走在采樵路上边唱歌。

可惜这里是穷乡僻壤，没有知己朋友，朝廷中也无重臣提携。

谁人能当那扬雄，有人引荐《甘泉赋》！

〔解读〕

诗中，诗人道明自己年过三十，仍闲居在家，因而有忧虑和着急出仕的心情。作者年少立下大志，自强不息，自以为工于诗赋，可以大展宏图，但最终却因无人推荐，以至于到了而立之年，依然功名全无。末句诗人以扬雄自况，既抒发了自己的慨叹，又吐露心声，希望得到重臣推荐，早日实现心中理想。

本诗表面写远离尘世、宁静自然、与高雅之士为邻的田园生活，实际上显现了诗人对自己功名无成的感叹，表现了诗人极其渴望求取功名与保持精神自由的内心矛盾，同时也抒发了诗人心怀理想而无人推荐的悲叹。

（郭东烁）

23

采莲曲二首·其二

[唐] 王昌龄

荷叶罗裙①一色裁②,
芙蓉③向脸两边开。
乱入池中看不见④,
闻歌始觉有人来。

〔注释〕

①罗裙:用细丝织成的裙子,泛指女子衣裙。②一色裁:指荷叶和采莲女的衣裙像是用同一颜色的衣料剪裁的。③芙蓉:指荷花。④看不见:指分不清荷叶荷花与少女的绿裙红颜。

〔译文〕

采莲少女的绿罗裙融到田田荷叶中,仿佛是用同一颜色的衣料裁剪而成,荷花向着采莲少女的脸庞绽放,相互映照。

荷花荷叶与少女们的绿裙红颜混在一处分辨不清,听到歌声才发现池中有人采莲。

〔**解读**〕

在一个天气晴好的日子里，荷花盛开的池塘边，一群天真烂漫的采莲姑娘穿着绿色的衣裙，白净的脸蛋显露出青春的美。忽然，这群姑娘东一个西一个都钻进池塘中去了，绿色的衣裙混在绿色的荷叶中，衬托得白净的脸蛋宛然就是一朵朵盛开的荷花。人在哪里？正当诗人诧异之时，荷塘中传出美妙的歌声，循声而望，才发现她们在一望无际的荷田中。

这是多么生动美好的生活画面。诗人将自己的形象放在了画面之外；画面之中虽有人，但诗人并没有正面描写采莲女。就算如此，采莲女的形象也十分生动活泼。"乱入池中"的乱字，把这群劳动少女的天真活泼、无拘无束描写得十分真切；而飘来的歌声又把她们劳动时愉悦的心情展现在读者面前，真正是一幅有声画。

（程晓荣）

24

渭川①田家

[唐]王维

斜光照墟落②,穷巷③牛羊归。
野老④念牧童,倚杖候荆扉⑤。
雉雊⑥麦苗秀,蚕眠⑦桑叶稀。
田夫荷⑧锄至,相见语依依。
即此⑨羡闲逸,怅然吟《式微》⑩。

〔注释〕

①渭川：渭河。源出甘肃渭源鸟鼠山，经陕西流入黄河。②墟落：村庄。③穷巷：深巷。④野老：村中老人。⑤荆扉：柴门。⑥雉（zhì）雊（gòu）：野鸡鸣叫。雉，野鸡。雊，雄性野鸡鸣叫。⑦蚕眠：指蚕将要蜕皮。蚕蜕皮前，不食不动，像睡眠一样，故称"蚕眠"。⑧荷（hè）：肩扛。⑨即此：指上面所说的情景。⑩《式微》：《诗经·邶风》中的一篇，中有"式微，式微，胡不归"之句，诗人用此典故，表归隐之意。

〔译文〕

　　落日的余晖洒向村庄，深巷里牛羊纷纷归家。

　　老人惦念着放牧的孙儿，倚着拐杖在柴门边翘首以盼。

　　野鸡鸣叫，麦苗秀穗，蚕将蜕皮，桑叶稀疏。

　　农夫们扛着锄头归来，在田间小道上相遇，亲切交谈。

　　如此闲逸情景让我十分向往，我不禁怅然地吟起《式微》。

〔解读〕

　　作者以朴素的白描、清新的语言写平凡的生活，诗如风景画：夕阳西下，牛羊归家，老翁倚扉盼孙归，野鸡鸣叫，春蚕即将吐丝，田夫三三两两结伴同行，荷锄而归。牛羊、老翁、野鸡、春蚕、田夫，人皆有归，诗中每一意象都表现出田园之乐。岁月静好，令人艳羡。王维内心波涛汹涌：政治上失去依傍，处境艰难，进退两难，孤单苦闷，自己何处可归？个中滋味，欲说还休。

（鲁伟）

25

新晴①野望②

〔唐〕王维

新晴原野旷,极目③无氛垢④。
郭门⑤临渡头,村树连溪口。
白水明田外⑥,碧峰出山后。
农月⑦无闲人,倾家⑧事南亩⑨。

〔注释〕

①新晴:初晴。②野望:眺望田野。③极目:穷尽目力远眺。④氛垢:雾气和尘埃。氛,雾气。垢,污秽、脏东西。⑤郭门:外城之门。郭,外城。⑥白水明田外:意为田埂外的流水在阳光下十分明亮。⑦农月:指农忙季节。⑧倾家:全家出动。⑨南亩:指农田。《诗经·豳风·七月》:"馌彼南亩。"

〔译文〕

雨后初晴,极目远眺,原野空旷,没有半点雾气尘垢。
外城靠着摆渡的码头,村边的绿树连着溪口。

田外清澈的流水在阳光照耀下闪闪发光，山后的峰峦碧绿耀眼。

农忙时节无闲人，全家大小都在农田里忙碌着。

〔解读〕

  这首诗如一段电影画面：首先是一个全景镜头，雨后初霁，空气清新，原野开阔；接着，镜头逐渐拉近又放远，门楼、码头、绿树、溪口、田埂、流水逐一呈现，光色和谐，富有层次感，极力展现新晴后的空旷、洁净；最后是一个欢快的动态镜头，农忙时节，农民辛勤地劳作，创造幸福生活。整首诗人景相融，充满生命的律动感。

（鲁伟）

26

春中①田园作

[唐] 王维

屋上春鸠②鸣,村边杏花白。
持斧伐远扬③,荷锄觇④泉脉。
归燕识故巢,旧人看新历。
临觞⑤忽不御⑥,惆怅思远客。

〔注释〕

①春中(zhòng):中即"仲",仲春,即农历二月。②春鸠(jiū):即杜鹃。一说为斑鸠、山鸠等。③远扬:指长而高的桑枝。④觇(chān):窥视,观察。⑤觞(shāng):古代饮酒的一种器具,此处指酒杯。⑥御:进用,指喝。

〔译文〕

(仲春时节)有一只杜鹃站在屋上鸣叫着,村子旁边开满了雪白的杏花。

手持斧子去整理桑树那又长又高的枝条,扛起锄头去探察地下的泉水。

燕子飞回来了,好像认识它去年的巢。屋子的主人在翻看着新年的日历。

举杯欲饮又停了下来,想到远行的游子,不由得心生惆怅。

〔解读〕

诗题"春中"即是仲春,即农历二月。全诗节奏舒缓,情深意长,是春回大地的温柔赞歌,又是田园农事劳动的美妙序曲。首联两句,由近及远,由声到色,春景甚佳,春意极浓。在这欣欣向荣的季节里,人勤春早,农事已经开始。桑农拿着斧子砍掉树上离地较远而又高高扬起的枝条,为春蚕采摘桑叶;农民扛着锄头到田野里探测地下泉水的情况,推算着播种的时间。颔联两句写拉开了一年农业生产序幕的春天里,农民整桑理水的劳动。颈联进一步渲染和烘托春天的氛围和情调,燕归故巢,人看新历,一切都显得和平安定、有条不紊,一切又都在重新开始。此景此情,此时此地,诗人刚刚举起酒杯却又不饮了,想到远行在外的人,他感到惋惜和惆怅。

这首诗语言清新,意象鲜明,情感真挚,既写出了早春的景象,又生动地表现了田园的农事,事、人、景、情达到和谐的统一。

(程晓荣)

27

题农父庐舍

[唐] 丘为

东风^①何时至？已绿湖上山。
湖上春已早，田家日不闲。
沟塍^②流水处，耒耜^③平芜^④间。
薄暮饭牛^⑤罢，归来还闭关^⑥。

〔注释〕

①东风：春风。②沟塍（chéng）：田间水沟和田埂。塍，田埂。③耒（lěi）耜（sì）：古时的翻土农具。耒为木制曲柄，耜为下端起土部分。④平芜：杂草繁茂的原野。⑤饭牛：喂牛。⑥闭关：闭门谢客，也指不为尘事所扰。

〔译文〕

春风是什么时候来的？湖上的山峰已经被吹绿了。
湖泊上面早早有了春意，种田的人家每天都没有空闲。

（农民）在田间劳作，拿着耒耜修沟引水、铲除杂草。

傍晚时分喂饱了牛后，回到家里关上房门就睡觉了。

〔解读〕

全诗描绘了农家于春耕时节忙碌劳作的画面——春风悄然而至，山野一片碧绿，田家开始耕作，整地喂牛，终日忙碌。首联质朴平实，用一个问句写出春风悄然而至，漫山遍野春色盎然。中间两联写农人忙于农事，其中颔联概写田家忙碌，颈联详写拿着工具从事修沟引水、铲除杂草等农事劳动。尾联写傍晚时分，农人们喂饮劳动了一天的耕牛后，回家关上门休息，一方面表明春忙，农人劳作一天，第二天还要早起，需早些休息；另一方面也表明劳作之余，农人归来关上门，谢绝来客。

全诗语言清新自然，赞美了农人与世无争、恬淡闲适的生活，表达了诗人对隐逸生活的向往。

（卓婷婷）

28

丁督护歌①

[唐] 李白

云阳②上征去，两岸饶商贾。
吴牛喘月③时，拖船一何苦！
水浊不可饮，壶浆半成土。
一唱督护歌，心摧泪如雨。
万人凿盘石，无由达江浒④。
君看石芒砀⑤，掩泪悲千古。

〔注释〕

①丁督护歌：乐府旧题，属《清商曲辞·吴声歌曲》。②云阳：今江苏丹阳。③吴牛喘月：吴地天气炎热，水牛怕热，看见月亮误以为是太阳，便大口喘气，比喻怕使之受苦的相类事物。《世说新语·言语》："满奋畏风，在晋武帝坐，北窗作琉璃屏，实密似疏，奋有难色。帝笑之。奋答曰：'臣犹吴牛，见月而喘。'"④江浒：江边。⑤石芒砀（dàng）：形容石头又多又大。芒砀，大而多的样子。

〔译文〕

  自云阳乘舟沿长江北上，两岸有许多商贾大户。

  烈日高照的时节，拖船工人艰辛劳作，多么辛苦！

  江水混浊无法饮用，舀一壶水就有半壶泥土。

  工人们唱起督护歌，内心满是悲伤，泪如雨下。

  上万名工人凿山取石，没有办法很快就运达江边。

  你看那石头又多又大，不禁流下眼泪，这悲伤流传千古。

〔解读〕

  在古代，水上运输是十分重要的运输方式，许多物资都靠船只运输，但不是每一条水路都是畅通无阻，经常要靠人力拉船。天宝年间，长江下游商业繁荣，京杭大运河连通长江下游，一批又一批纤夫的身影出现在江边，他们逆水劳作，弓着身体，背负纤绳，衣衫褴褛，双腿潮湿，一瘸一拐地往前迈进，将船一寸寸向前拽动。他们头顶烈日，逆流而上，劳动强度之大，令人惊叹。正是有他们，装满物资的船只的运进运出才能得到保障；也正是他们，用黝黑佝偻的身躯推动着历史的车轮。

（朱妤　徐德炜）

29

子夜吴歌①·秋歌

[唐] 李白

长安一片月，万户捣衣②声。
秋风吹不尽，总是玉关③情。
何日平胡虏，良人④罢远征？

〔注释〕

①《子夜吴歌》又名《子夜四时歌》。《子夜歌》为乐府《吴声歌曲》名，南朝乐府又有《子夜四时歌》，系《子夜歌》变化而成。李白依格作了四首，此首为秋歌。②捣衣：将衣料放在砧石上捶捣，使其柔软以便裁制衣物。这里指人们正在准备冬衣。③玉关：即玉门关。④良人：古时妇女对丈夫的称呼。

〔译文〕

皎洁秋月映照下的长安城一片明亮，家家户户忙着捣衣。
萧瑟秋风吹个不停，总是让人牵挂戍守在玉门关的亲人。
什么时候才能打败敌人，让丈夫结束征战生活？

〔**解读**〕

李白这首诗是仿照南朝乐府的《子夜四时歌》而作的秋歌,从立意到词句,李白创造了一种新的意境,使其具有李白诗的独特风格。

诗中,在月下听见万户捣衣声急,月光和捣衣本无联系,但"长安一片月,万户捣衣声"把"一片"和"万户"相联系,仅在长安的一片月下,就有万户捣衣,那么就全国来说,又有多少人家的丈夫出征在外呢?这里就有言外之意,可供体味。这两句不但写得突出,还含意深远。"秋风吹不尽,总是玉关情"则含蓄地写出捣衣的思妇正在思念远在玉门关的征夫。这深切的思念,是秋风吹不去的,突出了思妇思夫之情之深之切。"何日平胡虏,良人罢远征?"点明丈夫是被征发去平胡虏而远在玉门关的,思妇盼望征夫的归来。"兵者,凶器也,圣人不得已而用之。"诗中讽刺唐明皇好边功,征战不止。这首诗里写思妇希望"良人罢远征",是在说唐明皇此举是违反人民的意愿的。此诗意境清新,没有凄悲之感;诗句俊逸,显示出李白诗的风格与特色。

(程晓荣)

30

秋浦①歌十七首·其十四

[唐] 李白

炉火②照天地，
红星乱紫烟。
赧郎③明月夜，
歌曲动寒川。

〔注释〕

①秋浦：县名，唐时先属宣州，后属池州，故址在今安徽贵池西。因城临秋浦水得名。在唐代，秋浦乃产银、铜之地。②炉火：指炼铜之炉火。③赧郎：红脸汉子，在此指炼铜工人。赧，原指因害羞而脸红，在这里指炼铜工人的脸被炉火所映红。

〔译文〕

炼铜的炉火照亮了天地，火星乱溅，紫烟升腾。

汉子们满脸通红，在明亮的月夜里一边劳动一边放声唱歌，歌声响彻寒冷的山川。

〔解读〕

　　此诗歌颂炼铜工人，于古诗中少见，在李白诗作中则独一无二。诗作正面描写炼铜工人们劳动的场景，构图宏大瑰丽，气势豪迈奔放，充满浪漫主义气息。炉火蓬勃燃烧，火光滔天，天地通明。红脸汉子们欢快地劳动、歌唱，歌声直冲云霄，震动山河。整首诗歌自由奔放，明白晓畅，极好地展现了盛唐之音。

（鲁伟）

31

效古秋夜长

［唐］钱起

秋汉①飞玉霜,北风扫荷香。
含情纺织孤灯尽,拭泪相思寒漏②长。
檐前碧云静如水,月吊栖乌啼鸟起。
谁家少妇事鸳机③,锦幕云屏深掩扉。
白玉窗中闻落叶,应怜寒女独无衣。

〔注释〕

①秋汉:秋天的银河,代指秋天的夜空。②寒漏:寒天的漏壶,这里代指寒夜。③鸳机:鸳鸯机,织布机的美称。

〔译文〕

秋天的夜晚,降下了如玉一般的白霜,猎猎北风吹走了荷花的香气。

带着相思之情织布,孤灯也渐渐燃尽。擦着眼泪思念丈夫,感叹寒夜漫长。

屋檐外的青云如水一样沉静,月色下的乌鸦阵阵啼叫,惊起了飞鸟。

是谁家少妇还在摆弄着织布机，如锦缎一般的帘幕和像云一样的屏风深深掩映着门扉。

白玉窗中的贵人听到落叶的声音，应该会心疼这女子天寒还无冬衣吧。

〔解读〕

钱起写诗清空闲雅、细腻秀美，尤其擅长描绘景物。本诗就是一首有着非常鲜明的钱起个人风格的诗歌。开篇直写秋霜和残荷，营造出清冷的氛围，奠定了全篇的情感基调。第三句写"孤灯"，实际上写的是女子的孤独，第四句的"寒漏长"，极言夜之长，进一步展现女子此时的心境。第五句和第六句以动写静，沉静无言的云朵和乌鸦的啼鸣，更凸显女子深夜独自纺织的凄冷。七、八句点出女子的身份为"少妇"，她如此勤劳，她的丈夫是外出劳动了还是出征在外？更可怜的是，如此勤劳的女子，却"独无衣"。她在为谁纺织？她又是为谁劳作？诗歌展现的是当时劳动妇女们普遍的生存艰难的状态。

（徐湾）

32

咏绣障①

[唐] 胡令能

日暮堂前花蕊②娇③，
争拈④小笔上床⑤描。
绣成安⑥向春园里，
引得黄莺下柳条。

〔注释〕

①绣障：刺绣屏风。②花蕊：花心。③娇：美好可爱。④拈：用手指头捏住。⑤床：绣架。⑥安：安放。

〔译文〕

残阳余晖之下，堂前的花朵盛放，格外美艳可爱。绣女们争相捏着画笔在绣床上描摹花样。

精致的屏风绣成之后，安置在春意盎然的花园里，黄莺竟误以为真，离开柳枝飞到屏风之上。

〔解读〕

　　这首诗赞美了刺绣屏风的精美，赞美了绣女刺绣技术的精湛，绣品的精美绝伦。诗的前两句呈现出一个这样的场面：一群绣女拿着精巧的画笔，在绣床上描花样。"拈"形象地表现出绣女动作的熟练、轻灵，姿态的优美。三、四句写绣品的精美：完工后的刺绣屏风放到春光满园的花园里去，连黄莺都上当了，离开柳枝向刺绣屏风飞来，足见绣女女红之巧，技艺之超群。而这高超的技艺不是一朝一夕练就的，需要有耐心、耐性，中国妇女的勤劳聪慧的品质也由此可见一斑了。

（成敏　吴志慧）

33

过山农家①

[唐] 顾况

板桥人渡泉声,
茅檐日午鸡鸣。
莫嗔②焙③茶烟暗,
却喜晒谷天晴。

〔注释〕

①一说本诗为张继所作。过,拜访、访问。②嗔:责怪,埋怨。③焙:用微火烘烤。

〔译文〕

泉水叮咚作响,行人踱步板桥上。艳阳高照在茅檐上,不时传来几声公鸡啼鸣。

别怪烘茶冒出的青烟呛人,应当庆幸大好晴天,正适合翻晒谷物。

〔解读〕

这首诗描写山村人家劳动生活的场景,诗中有画。首句描绘了一幅人行板桥上,桥下泉水叮咚作响的图景,第二句描绘的则是日午时分,大太阳照在茅檐上,有几声悠长的鸡鸣在村落里回荡。

晴好的天气,在这样与世无争的寂静山村之中,山民们趁天晴忙着焙茶、晒谷。焙茶要烧柴,使得屋内烟雾缭绕,有的甚至透出屋顶铺盖的茅草;天气晴朗,阳光普照,晒场上的谷物需不时翻动,农人沉浸在劳动的繁忙与喜悦之中。

这首诗风格清新朴素,描写劳动人民在劳动过程中的快乐,赞美劳动人民热爱劳动的品质。

(王元丽)

34

渔歌子

[唐] 张志和

西塞山^①前白鹭飞,
桃花流水^②鳜鱼^③肥。
青箬笠^④,绿蓑衣^⑤,
斜风细雨不须归。

〔注释〕

①西塞山:在今浙江湖州西面。②桃花流水:桃花盛开的季节春水盛涨,俗称桃花汛或桃花水。③鳜(guì)鱼:淡水食用鱼,又称"桂鱼"。体侧扁,口大,鳞细小,青黄色,肉质鲜嫩。④箬笠:用竹篾、箬叶编成的斗笠。⑤蓑衣:用草或棕麻编的雨衣。

〔译文〕

西塞山前,白鹭在空中飞翔,桃花已经开放,春水盛涨,水中的鳜鱼十分肥美。

（渔翁）戴着青箬笠，披着绿蓑衣，站在斜风细雨中，一心垂钓，不急归家。

〔解读〕

"西塞山前"交代地点。"白鹭"喜栖息于水田河畔，读来自能感受到田家悠闲的逸致。但张志和之乐在渔而不在田，桃花开于春季二月，汛期到来，河水上涨，鳜鱼长得肥美，一树树粉红的桃花，一棵棵新绿的青树，一条依山而流的春江之水，好一幅青山绿水、花红柳绿的春江图，诗人已沉醉在此番美景之中。

更让诗人沉醉的是劳动的快乐。"归"，回家。"不须归"，是说也不必回家了。渔翁丝毫不在意细雨湿衣，心里只有春天的桃花流水，手里只有肥美的鳜鱼。在诗中，我们可以读出一位热爱生活的渔夫形象：斜风细雨又如何？只需尽兴垂钓，沉醉在这富有诗情画意的山水中。这位渔夫是不落俗套的，是率真纯粹的。

（袁玉辉）

35

观田家①

[唐] 韦应物

微雨众卉②新，一雷惊蛰③始。
田家几日闲，耕种④从此起。
丁壮俱在野，场圃⑤亦就理。
归来景⑥常晏⑦，饮犊⑧西涧水。
饥劬⑨不自苦，膏泽⑩且为喜。
仓禀⑪无宿储⑫，徭役⑬犹未已。
方惭⑭不耕⑮者，禄食⑯出闾里⑰。

〔注释〕

①田家：务农的人。②卉：草的总称。③惊蛰（zhé）：二十四节气之一。此时天气转暖，农人开始春耕春种。④耕种：泛指种田。耕，耕地。种，种植。⑤场圃（pǔ）：农家用来春天种菜、秋天打场的地方。⑥景：日光。⑦晏：晚。⑧犊：小牛。⑨劬（qú）：劳苦。⑩膏泽：指春雨。常言道"春雨贵如油"。⑪禀：储存粮食的房舍。⑫宿储：隔夜粮。⑬徭役：古时

官府强迫人民（主要是农民）从事的无偿劳役。⑭惭：羞愧。⑮不耕者：不耕田的人，指做官的人。此处指作者自己。⑯禄食：俸禄。⑰闾（lú）里：乡里，泛指民间。

〔译文〕

百草经受细雨的滋润后充满生机，惊蛰在第一声春雷响时正式到来。

种田人家一年能得几日空闲？辛勤的劳作从此开启。

壮汉都在田野耕地，场院也被整理出来。

经常是太阳落山以后才归家，还要牵着牛犊到西边山涧饮水。

挨饿辛劳农夫并不觉苦，贵如油的春雨就能使他们内心欣喜。

粮仓已经见底，但官府的徭役却无休无止。

想到我的俸禄都出自这些种田百姓，我这不耕者惭愧不已。

〔解读〕

"微雨众卉新，一雷惊蛰始"，一场春雨让百草重焕新颜，一声春雷使土里虫儿被惊醒。这两句既写万物逢春雨的勃勃生机，又通过春雷惊醒万虫来写春耕的开始，饱含了诗人对春天来临的难以掩饰的欣喜。

"田家几日闲，耕种从此起"，农民一年到头没有几天能够休息，从这一天开始就要日夜从事地里田间的劳作。"丁壮俱在野，场圃亦就理。归来景常晏，饮犊西涧水。"男丁都在山野忙碌，田地、场圃、山涧到处都是他们的身影。"就理"写出农夫虽然劳作繁忙，但忙中有序，忙而不乱。

"饥劬不自苦，膏泽且为喜"，农民不但不觉农耕辛苦，反为逢雨格外欣喜，这二句写出了农民的勤劳朴实。"仓廪无宿储，徭役犹未已"，农夫家的仓库空空如也，没有存粮，可徭役却从未停止，诗人对劳动人民的同情溢于言表。"方惭不耕者，禄食出闾里"，作为"不耕者"的诗人对比自己与种田百姓的生活状况后顿生惭愧之情。

（王元丽）

36

采莲曲

[唐] 张籍

秋江岸边莲子多,采莲女儿凭船①歌。
青房②圆实齐戢戢③,争前竞折荡漾波。
试牵绿茎下寻藕,断处丝多刺伤手。
白练束腰袖半卷,不插玉钗妆梳④浅⑤。
船中未满度⑥前洲⑦,借问谁家家住远⑧。
归时共待暮潮上,自弄芙蓉还荡桨。

〔注释〕

①凭船:依靠着船。②青房:青青的莲蓬。③戢(jí)戢:密集、众多的样子。④妆梳:梳妆打扮。⑤浅:浅淡。⑥度:渡过。⑦前洲:前面的洲渚。洲,水中陆地。⑧家住远:家住得远。

〔译文〕

秋天的江岸边莲子很多,采莲女们靠着船边采边唱着歌。

青青的莲蓬里，莲实又圆又大，莲蓬一个挨一个密密地生长着，采莲女们你争我赶地采莲蓬，船动处水波荡漾。

她们试着拉绿色的荷茎，向水下寻觅莲藕，荷茎断开处粘丝多，茎上尖刺会伤到手。

采莲女们用白带子束腰，半卷袖子，取下了玉钗，梳妆打扮十分简单。

船中还未装满莲蓬，又驾船越过前方绿洲，她们一边摘一边互相问：谁家住在偏远的地方？

返回的时候，要等待傍晚的潮汐涌来才能回家，在归途中，她们边荡着桨，边拿着荷花玩耍。

〔解读〕

张籍这首诗描绘的是一群采莲女从晨出采莲到暮归的过程，她们快乐出发去采莲，欢喜地满载而归。

采莲不是一个人的劳作，众多采莲女们一齐唱着歌、采着莲蓬，歌随船漂在江面，采莲的场面多么快乐，多么热闹！"争前"写她们争着划向前方，划船迅速，"寻藕"又写出了她们的细致。多处动作描写突出人物性格，她们真是一群能干的小娘子呀！

诗中还有外貌描写：正值花季的少女们，没有头戴珠翠，只施淡妆，着装朴素大方，这是她们采莲时的惯常装束。诗人简笔勾勒，生动传神。

诗中的问话，是她们繁忙中的交流，语短情深，体现了姑娘们真挚的友情和对同伴的关爱。画面美是外在的，伙伴们的真心关怀才更打动人心。

姑娘们傍晚采莲还未归，多么勤劳！从中，也可见她们同出、同归、同丰收的欢乐。

(袁玉辉)

37

离妇

[唐] 张籍

十载来夫家，闺门无瑕疵。
薄命不生子，古制①有分离。
托身言同穴，今日事乖违②。
念君终弃捐③，谁能强在兹④。
堂上谢姑嫜⑤，长跪请离辞。
姑嫜见我往，将决复沉疑。
与我古时钏⑥，留我嫁时衣。
高堂拊⑦我身，哭我于路陲⑧。
昔日初为妇，当君贫贱时。
昼夜常纺绩，不得事蛾眉⑨。
辛勤积黄金，济君寒与饥。
洛阳买大宅，邯郸买侍儿。
夫婿乘龙马，出入有光仪⑩。
将为富家妇，永为子孙资。
谁谓出君门，一身上车归。

有子未必荣，无子坐⑪生悲。

为人莫作女，作女实难为。

〔注释〕

①古制：古代礼制，指古代女子没有生下儿子，丈夫可以休妻。②乖违：违反。③弃捐：抛弃，舍弃。④兹：此，这。⑤姑嫜：古代女子对丈夫的母亲与父亲的称呼。⑥钏：腕环，镯子。⑦抚：抚摩。⑧路陲：路边。⑨蛾眉：同"娥眉"，女子长而美的眉毛，这里代指梳妆打扮。⑩光仪：光彩的仪容。⑪坐：无故，自。

〔译文〕

十年前嫁到丈夫家中，从来没有什么过错。

福分太浅没有生下儿子，按从古以来的礼制应该与丈夫分离。

当初成婚的时候说要永远在一起，现在却违背了当初的誓言。

想到你最后会抛弃我，谁又会想强留在这个地方。

在厅堂中拜别公婆，长跪请求离去。

公婆见到我要离去，将做决定却又沉思犹豫。

给了我旧时的镯子，留下了我嫁过来时穿的嫁衣。

母亲抚摩着我的身体，在路边为我哭泣。

当初我刚开始做你的妻子，正是你贫贱的时候。

我从早到晚都在织布、裁衣，忙碌到没有时间精力去打扮自己。

辛勤积累财富，帮助你度过寒冷与饥饿的日子。

在洛阳买下大宅子，在邯郸买下家仆。

夫君你出入都乘着马车，总是保持着光彩的仪容。

我以为我也会成为贵妇人，成为子孙的依托。

谁曾想会离开你家，孑然一身回到娘家。

有儿子未必会荣华富贵，但是没有儿子却自生悲。

做人不要做女人，女人实在是太难当了。

〔解读〕

　　张籍40到50岁时处于诗歌创作巅峰，这一时期所作多为乐府诗。他的乐府诗多关注社会现实，表现出强烈的人文关怀。这首《离妇》写了一个最普通不过的妇女的命运。我们从诗句中可以看到唐朝妇女的日常劳作，"昼夜常纺绩，不得事蛾眉"，基本上延续了古代男耕女织的传统，"女主内"，诗中的女性因为劳作而并不注意梳妆打扮。同时，操持家务，管理家中财务也是妇女分内之事，可以说这个家庭能够稳步上升，很大的功劳在于女主人的持家有方。但是这样一个持家有方、勤劳无私的妻子，在将一个贫穷的家庭经营成能够"买大宅""买侍儿"的富裕之家时，却被无情休弃，只因为她没有生下儿子。这里的"子"单指儿子，即使她生下再多女儿，也不能免于被休弃。这首诗反映了底层劳动妇女的悲惨命运，她们勤劳、无私、忠贞，但是社会并不认可她们的劳动价值，仅因为未能生下儿子，她与丈夫的多年情分、她为这个家庭的付出便都会成为泡影。唐朝已经是古代社会对女性不那么苛刻的朝代，女子尚不能避免这样的命运，更遑论其他时期。而随着时代的发展，现代社会中女性的种种权益大都能得到保障，由此可见社会经济的发展是提升女性社会地位的重要保障。

（徐湾）

38

夜到渔家

[唐] 张籍

渔家在江口,潮水入柴扉①。
行客欲投宿,主人犹未归。
竹深村路远,月出钓船稀。
遥见寻沙岸②,春风动草衣③。

〔注释〕

①柴扉:柴门。②寻沙岸:寻找沙岸,好泊船。③草衣:即蓑衣。

〔译文〕

渔家住在江口岸边,涨潮的时候,江水流进柴门。
赶路的行人想在此借宿,但是主人还未归家。
竹林寂寂,村边的小道向远方蜿蜒,明月悬空,江上渔船只寥寥几艘。
远远望去,渔夫似在寻找沙岸泊船,春风轻拂,吹动着他的蓑衣。

〔解读〕

这首诗中,诗人用蘸满感情的笔墨从侧面描绘了渔民的生活。诗一开头就展示渔家住所的典型特征：茅舍简陋，靠近僻远江口，便于出江捕鱼。时值潮涨，江水流入柴门。"行客欲投宿"，暗示时已临晚，而"主人犹未归"，则透露出渔人在江上打鱼时间之长，其劳动之辛苦不言而喻。

每个人的生活是由其所生存的环境决定的，就像有句老话说的，"靠山吃山，靠水吃水"。渔民生活很艰苦，一年四季以打鱼为生，"春风动草衣"，夜暮晚归时，在我们眼前呈现出的是一位披着蓑衣的因劳动而美丽的渔民的形象。

（邓坤明）

39

田家行

[唐] 王建

男声欣欣女颜悦,人家不怨言语别。
五月虽热麦风清,檐头索索缲车鸣。
野蚕作茧人不取,叶间扑扑秋蛾生。
麦收上场绢在轴,的知①输得官家足。
不望入口复上身,且免向城卖黄犊。
田家衣食无厚薄②,不见县门③身即乐。

〔注释〕

①的(dí)知:的确知道。②无厚薄:谈不上好坏,意为再苦的生活也能忍受。③县门:县衙门。

〔译文〕

(丰收了)男人们聚在一起有说有笑,女人们脸上洋溢着笑容,家家户户没有怨言,话语也比平日更加和气。

即使五月天气已渐炎热，带着麦香的风却给人以清凉之感。屋檐下，妇女们正忙着用缫车缫丝，机杼声奏出欢快的乐曲。

人们不再去收取野蚕茧，这些茧在树上变成了秋蛾，在叶间扑扑地飞舞着。

一捆捆的麦子被收割，堆放在麦场上，一匹匹绢布织成缠在轴上，今年的收成确实已经足够缴纳官府的赋税了。

不期望还有入口的粮食，也不期望还有绢布可以做成新衣服穿上，只是暂且不用去城中卖掉自家的小黄牛。

农民的衣食实在谈不上好和坏，只要家里人不被捉进县衙，便是件很值得高兴的事情了。

〔解读〕

本诗以"乐"来写农家之苦，立意十分巧妙。炎热的五月，麦子丰收，绢布织成，农家满足于这些收成，不像往年一样还要收取野蚕作的茧。然而深究一层，农家的"乐"却落在不用卖掉小牛犊、家里人不被捉进县衙上。对穿衣吃饭这样的基本需求，农家人"不望入口复上身"。

劳动人民终年劳作，却无法享受自己的劳动果实，多么讽刺啊。这首诗语言质朴、流畅，平易中见深刻，表现了诗人对劳动人民的深切同情。

（朱妤　徐德炜）

40

浪淘沙九首·其六

[唐] 刘禹锡

日照澄洲①江雾开,
淘金女伴满江隈②。
美人首饰侯王印,
尽是沙中浪底来。

[注释]

①澄洲：江中清新秀丽的小洲。洲，江河中的陆地，这里指沙滩。
②隈（wēi）：山边或水流曲折处。

[译文]

太阳照在小洲上，江上的水雾慢慢消散开来，成群结伴的淘金姑娘们布满了江边。

美人的首饰和诸侯的金印，都是从浪底沙中淘来的黄金制作成的。

[解读]

黄金由于稀少、性质稳定，在历史上一直具有很高价值。自古以来就有大批劳动者从事淘金工作，文献记载，这种有妇女参加的淘金活动，主要发生在我国长江流域。

  在生产力水平比较低下的古代，淘金十分艰辛。淘金者日复一日年复一年忍受着寒风烈日的磋磨，把辛苦淘来的小小的沙金放在模子里，高温加热使其熔化，冷却后变成金块，或制作成贵人佩戴的首饰等物品。劳动者创造出的财富，最后却由不劳者占有、享受，诗人在本诗中表达了对劳动人民的深切同情。

（朱妤　徐德炜）

41

观刈①麦

[唐] 白居易

田家少闲月,五月人倍忙。
夜来南风起,小麦覆陇黄②。
妇姑③荷箪食④,童稚⑤携壶浆。
相随饷田⑥去,丁壮⑦在南冈。
足蒸暑土气,背灼炎天光⑧;
力尽不知热,但⑨惜⑩夏日长。
复有贫妇人,抱子在其⑪傍⑫;
右手秉遗穗⑬,左臂悬⑭敝筐⑮。
听其相顾言⑯,闻者⑰为悲伤。
家田输税⑱尽,拾此充饥肠。
今我何功德?曾不事农桑⑲;
吏禄三百石⑳,岁晏㉑有余粮。
念此私自愧,尽日不能忘!

〔注释〕

①刈（yì）：割。此诗题下注"时为盩厔县尉"。②覆陇（lǒng）黄：指黄熟的小麦遮盖住了田埂。覆，盖。陇，同"垄"，指农田中种植作物的土埂。③妇姑：媳妇和婆婆，这里泛指妇女。④荷（hè）箪（dān）食：担着用竹篮盛的饭食。荷，肩挑。箪食，装在竹篮里的饭食。⑤童稚携壶浆：小孩子提着用壶装的汤与水。⑥饷（xiǎng）田：给在田里劳动的人送饭。⑦丁壮：指青壮年男子。⑧足蒸暑土气，背灼炎天光：双脚受地面热气熏蒸，脊背受炎热的阳光烘烤。⑨但：只。⑩惜：盼望。⑪其：指代正在劳动的人。⑫傍（páng）：旁边，侧边。⑬秉（bǐng）遗穗：拿着从田里拾取的麦穗。秉，拿着。⑭悬：挎着。⑮敝（bì）筐：破篮子。⑯相顾言：互相看着说话。顾，视，看。⑰闻者：听到的人。⑱输税：缴纳租税。输，送达，引申为缴纳、献纳。⑲曾（céng）不事农桑：一直不从事农业生产。曾，一直、从来。事，从事。农桑，农耕和蚕桑，泛指农业生产。⑳吏禄三百石（dàn）：当时白居易任盩厔（今陕西周至）县尉，一年的薪俸大约是三百石米。石，古代容量单位，十斗为一石。⑰岁晏：年底。晏，晚。

〔译文〕

农家少有空闲的月份，五月农人更加繁忙。

昨夜南风吹起，小麦熟透了，田间一片金黄。

妇女们挑着用竹篮装的饭食，小孩提着装满汤水的壶。

一起到田间地头送饭去，收割小麦的男人们正劳作在南边的山冈。

脚下泥土炙热，如蒸如熏，脊背上阳光炙烤，灼痛难忍；

筋疲力尽，却仿佛不知道炎热，只是希望白天能够再长一点。

又看到一个贫苦的妇女，抱着小孩站在割麦者旁边：

她右手拿着捡拾的麦穗，左手臂上挂着一个破竹筐。

他们相互说着话，听到的人为她伤心不已。

家里的田地因为缴纳租税都卖完了，只好来捡取麦穗填肚子。

现今我有什么功劳和美德？从来不曾从事农业生产，经受这些辛苦；

每年领取三百石米的俸禄，年终了还有余粮。

想到这里，我惭愧不已，整天都不能忘却！

〔解读〕

这首诗描绘了农人收麦的劳苦场景和农妇拾穗背后的悲苦故事，读来引人深思。今日抱子拾穗、臂悬敝筐的贫妇人，她的亲人何在？昨日她何尝不是荷箪饷田的收麦者？今日辛劳忙碌的刈麦者，谁敢保证明日不沦为田地输尽的拾穗者？这些悲剧的发生，谁是背后推手？谁是罪恶之源？白居易在诗中已经写明。更难能可贵的是，作为统治阶级一员的白居易，也深刻反省了自己，他的心与劳动人民站在一处。

（吴继尧　阮寿雄）

42

卖炭翁①

[唐] 白居易

卖炭翁,伐②薪③烧炭南山④中。

满面尘灰烟火色⑤,两鬓苍苍⑥十指黑。

卖炭得钱何所营⑦?身上衣裳口中食。

可怜⑧身上衣正单,心忧炭贱愿⑨天寒。

夜来城外一尺雪,晓驾炭车辗⑩冰辙⑪。

牛困⑫人饥日已高,市⑬南门外泥中歇。

翩翩⑭两骑来是谁?黄衣使者白衫儿⑮。

手把⑯文书口称敕⑰,回车叱⑱牛牵向北⑲。

一车炭,千余斤⑳,宫使驱㉑将㉒惜不得㉓。

半匹红纱一丈绫㉔,系㉕向牛头充炭直㉖。

〔注释〕

①卖炭翁:此篇是白居易创作的组诗《新乐府》中的第三十二首,诗人自注云:"苦宫市也。"宫市,唐德宗贞元末,宫中宦官到民间强行以低

价买东西,实为掠夺之举。②伐:砍伐。③薪:柴。④南山:终南山。⑤烟火色:指卖炭翁常年辛勤烧炭,脸上是烟熏火燎的颜色。⑥苍苍:灰白色。⑦何所营:做什么用。营,谋求。⑧可怜:使人怜悯。⑨愿:希望。⑩辗:同"碾",碾压。⑪辙:车轮滚过地面碾出的痕迹。⑫困:困倦,疲乏。⑬市:长安城中划定的集中贸易的专门区域。⑭翩翩:轻快洒脱的样子。⑮黄衣使者白衫儿:黄衣使者指太监,白衫儿指太监手下的爪牙。⑯把:拿。⑰敕(chì):指皇帝的命令或诏书。⑱叱:吆喝。⑲牵向北:指牵向宫中。⑳千余斤:不是实指,形容很多。㉑驱:赶着走。㉒将:语助词。㉓惜不得:吝惜不得。惜,吝惜。得,能够。㉔半匹红纱一丈绫:唐代商品交易,绢帛等丝织品可以代替货币使用。但当时钱贵绢贱,半匹红纱和一丈绫比一车炭的价值低很多。㉕系:这里是挂的意思。㉖直:同"值",指价格。

〔译文〕

卖炭翁,整年在终南山里砍柴烧炭。

他满脸烟火色,两鬓灰白,十个手指也被炭染得很黑。

卖炭得到钱用来干什么?买身上穿的衣裳和嘴里吃的食物。

可怜他穿着单薄的衣服,却担心炭不好卖,反而希望天更寒冷。

夜里城外下的雪有一尺厚,清晨,老翁驾着炭车碾着冰上的车轮印往集市上赶。

牛累了,人饿了,太阳升得很高,他们在集市南门外的泥泞中歇息。

那两个轻快洒脱骑马而来的人是谁?是皇宫内的太监和太监的手下。

太监手里拿着文书,嘴里说是皇帝的命令,吆喝着牛朝皇宫拉去。

一车炭那么多,太监差役们硬是要拉走,老翁百般不舍,但又无可奈何。

他们把半匹红纱和一丈绫朝牛头上一挂,就充当了买炭钱。

〔解读〕

卖炭翁是一位饱经风霜、孤苦辛劳的劳动者形象,以伐薪烧炭为生。

诗中，他出现在读者的眼前，读者看到的是他那辆牛车及车上的炭，还有他十个被炭染黑的手指头。他在终南山上伐薪、烧炭，"满面尘灰烟火色，两鬓苍苍十指黑"，劳动的艰苦是可想而知的。

　　白居易组诗《新乐府》中每首诗的题目下面都有一个注，说明诗的主题。《卖炭翁》的注是"苦宫市也"，就是要反映宫市给劳动人民带来的痛苦。诗人塑造卖炭翁这个典型形象，描绘了唐代劳动人民的辛酸和悲苦，以卖炭翁的遭遇反映当时社会的黑暗和不公。

（邓坤明）

43

红线毯①

[唐] 白居易

红线毯，
择茧缫②丝清水煮，拣③丝练④线红蓝⑤染；
染为红线红于蓝⑥，织作披香殿⑦上毯。
披香殿广十丈余，红线织成可⑧殿铺；
彩丝茸茸香拂拂，线软花虚不胜⑨物；
美人蹋上歌舞来，罗袜绣鞋随步没⑩。
太原毯涩⑪毳⑫缕硬，蜀都褥薄锦花冷；
不如此毯温且柔，年年十月来宣州。
宣城太守加样⑬织，自谓为臣能竭力；
百夫同担进宫中，线厚丝多卷不得。
宣城太守知不知？一丈毯，千两丝⑭！
地不知寒人要暖，少夺人衣作地衣！

〔注释〕

①红线毯：一种高级丝织地毯，以蚕丝为原料，为宣州（今安徽宣城）贡品。②缫（sāo）：煮蚕抽丝。③拣：挑选。④练：煮熟生丝，使其洁白柔软。⑤红蓝：红蓝花，即红花，可作染料。⑥红于蓝：比红蓝花还红。⑦披香殿：汉代宫殿名，汉成帝的皇后赵飞燕曾在此跳舞。这里借指宫廷中歌舞之处。⑧可：适合。⑨胜：经得住，能承担。⑩美人蹋上歌舞来，罗袜绣鞋随步没：描写红线毯松软，舞女的鞋袜陷没其中，即所谓"不胜物"。⑪涩：不光滑。⑫毳（cuì）：鸟兽的细毛。⑬加样：翻新花样的意思。⑭千两丝：指织毯所耗费蚕丝之多。

〔译文〕

制作红线毯，首先要选择上好的蚕茧缫丝，用清水煮，挑选蚕丝，煮熟生丝，用红花染色，染出红色丝线。

染出的丝线颜色比红花还要红，织成地毯铺在宫殿地上。

披香殿宽十丈多，红线织成的地毯可以铺满宫殿。

红线毯松软芬芳，柔软的地毯受不住压。

美人们在上面踩踏歌舞，罗袜绣鞋没入地毯中。

太原出产的毛毯太硬，四川织的锦褥又太薄，

都不如红线毯柔软暖和，于是朝廷年年来宣州索要红线毯。

宣州太守为显示自己的尽心竭力，令织工翻新花样织就红线毯。

红线毯太大、太厚，不好卷送，需得上百人共同担抬入宫。

宣州太守知不知道？织一丈毯，需费千两丝！

地感受不到寒冷，百姓却需要取暖，不要夺走人们的衣服去做地的衣服！

〔解读〕

采桑养蚕，缫丝煮线，红花染色，日夜勤织。千两蚕丝，无数织工的辛勤劳作，换来一丈精美、柔软的红线毯。制作红线毯如此艰难，又因

"线厚丝多卷不得",需要百夫同担,送入宫中。这样无与伦比的艺术品,是用劳动人民的心血换来的,却被统治阶级铺在宫殿中,使美人在上面践踏、歌舞。也正因红线毯之"温且柔",朝廷年年向地方索取,又导致了地方官对劳动人民的再次压迫。"宣城太守知不知?"诗人发出责问与抨击。诗的最后,诗人厉声责骂"少夺人衣作地衣!",将全诗情感推至高潮。

　　诗歌语言质朴,感情浓烈,体现了诗人对封建社会统治阶级的辛辣批判和对劳动人民的深切同情。

(朱妤　徐德炜)

44

朱陈村

[唐] 白居易

徐州古丰县，有村曰朱陈。
去①县百余里，桑麻青氛氲。
机梭②声札札③，牛驴走纭纭④。
女汲涧中水，男采山上薪。
县远官事少，山深人俗淳。
有财不行商，有丁⑤不入军。
家家守村业，头白不出门。
生为村之民，死为村之尘。
田中老与幼，相见何欣欣。
一村唯两姓，世世为婚姻。
亲疏居有族，少长游⑥有群。
黄鸡与白酒，欢会不隔旬⑦。
生者不远别，嫁娶先近邻。
死者不远葬，坟墓多绕村。
既安生与死，不苦形与神。

所以多寿考⑧，往往见玄孙。

我生礼义乡，少小孤且贫。

徒学辨是非，只自取辛勤。

世法贵名教，士人重冠婚⑨。

以此自桎梏⑩，信为大谬⑪人。

十岁解读书，十五能属文。

二十举秀才，三十为谏臣。

下有妻子累，上有君亲恩。

承家与事国，望此不肖⑫身。

忆昨旅游⑬初，迨今⑭十五春。

孤舟三适⑮楚，羸马⑯四经秦。

昼行有饥色，夜寝无安魂。

东西不暂住，来往若浮云。

离乱失故乡，骨肉多散分。

江南与江北，各有平生亲。

平生终日别，逝者隔年闻。

朝忧卧至暮，夕哭坐达晨。

悲火烧心曲，愁霜侵鬓根。

一生苦如此，长羡村中民。

〔注释〕

①去：距离。②机梭：即织布机。③札札：象声词，形容织布机工作时的声音。④纭纭：多而杂乱的样子。⑤丁：成年人。⑥游：交游，交往。

⑦旬：十天为一旬。⑧寿考：寿命，寿数。⑨冠婚：冠礼和婚礼。⑩桎梏：拘束。⑪谬：谬误，差错。⑫不肖：不成才，无能。⑬旅游：羁旅交游。⑭迨今：到今。⑮适：往，到。⑯羸马：瘦弱的马。

〔译文〕

徐州古丰县，有个村子叫朱陈村。

距离县城一百多里，桑麻长得青翠茂盛。

织布机发出吱吱呀呀的声音，许多牲畜走在路上。

女子汲取山涧中的水，男子上山砍柴。

离县城远，官府的事也少，山林幽深，民风淳朴。

有钱的人不去经商，成年人也不用从军。

家家户户都守着村中基业，直到年老头发变白也不出去。

活着是村中民，死了化为村中尘土。

田野间的老人与孩子，都是一片欢乐景象。

一个村子只有两个姓氏，世世代代都相互通婚。

分亲疏居住在不同族群，分少长交游往来。

以黄鸡和白酒招待大家的宴会，每隔不到十天就举办一次。

活着的人不会远别，嫁娶婚姻也优先考虑近邻。

死去的人不会葬得很远，坟墓多在村子周围。

既有安稳的生死安排，又不会让精神和肉体受苦。

所以人们大多长寿，能活着看到玄孙出生。

我生在礼义之乡，从小失去父亲，家庭贫困。

空学会辨别是非，只会自己辛苦努力生活。

世人都以名教为贵，读书人重视冠礼和婚礼。

用这些礼教来拘束自己，实在是十分错误的。

十岁就知道读书，十五岁能写文章。

二十岁中了秀才，三十岁成为谏臣。

下有妻子儿女等家口，上有君主和双亲的恩情。

承担家庭责任和侍奉君主，都指望着我这不成器的人。

回忆从前刚开始羁旅交游时，到现在已经过了十五年。

乘着孤舟多次到楚地，骑着瘦弱的马儿多次到秦地。

白天赶路总是面有饥色，晚上睡觉也从未安心。

不管在东边还是在西边，都没能停留，来来去去像是浮云一般。

离乱中再没有回到故乡，骨肉亲人也多分散在四方。

江南和江北，都有自己的亲人。

此生总是在分别，亲友去世都要很久之后才听闻。

满心忧虑，从早上躺到傍晚，再从傍晚哭到清晨。

悲伤的情绪像火一样烤着我，因忧愁生出的白发占满鬓角。

我这一生悲苦到这种程度，真是羡慕朱陈村的百姓啊。

〔解读〕

这首诗写于诗人晚年，诗人尝遍人生酸甜苦辣，回过头来看自己一生所经风雨，不禁悲从中来。本诗开篇写徐州古丰县有个朱陈村，接着用大量笔墨写了朱陈村的风俗习惯、风土人情，展现了唐朝底层劳动人民的基本生存状态。百姓以村为单位，以农耕为主要生产方式，过着相对封闭的生活，世世代代在村中，生不远别，死不远葬。如果无战乱和苛捐杂税，百姓可以生活得非常幸福，热闹安乐，健康长寿。这是很理想的生活状态，事实上的中唐时期，社会十分动荡，作者自己就经历了不少坎坷。从这里我们可以看出，朱陈村这种安宁的生活是当时的人们理想中的桃花源式的生活。

（徐湾）

45

悯①农二首

[唐] 李绅

其一
春种一粒粟②,秋收万颗子。
四海无闲田,农夫犹饿死。

其二
锄禾日当午,汗滴禾下土。
谁知盘中餐,粒粒皆辛苦?

〔注释〕

①悯:怜悯,这里有同情的意思。②粟:泛指谷类。

〔译文〕

其一

春天播下一颗种子,秋天收获很多的粮食。

四海之内没有一块闲置的土地了,可农民还是会被饿死。

其二

正午时烈日当空,农民还在田间劳作,汗水直流,滴在脚下的泥土里。谁知道那盘中的米饭,一粒一粒都是农民辛苦劳作得来的?

〔解读〕

两首悯农诗,一首怜悯农夫命运的悲惨,一首怜悯农夫劳作的艰辛。第一首诗中,农夫勤劳能干,取得了丰收,还要被饿死,粮食哪去了?幸福哪去了?这与叶圣陶先生的《多收了三五斗》何其相似!第二首诗,烈日当空,农民还在田间地头挥汗如雨。想来一饭一粥,来之不易,"盘中餐"何其难得!

(吴继尧　陈群)

46

牧童词

[唐] 李涉

朝①牧牛，牧牛下江曲②。
夜牧牛，牧牛度村谷③。
荷④蓑出林春雨细，芦管⑤卧吹莎草绿。
乱插蓬蒿⑥箭满腰，不怕猛虎欺黄犊⑦。

〔注释〕

①朝（zhāo）：早晨。②江曲：江湾。③谷：山谷，两山之间的夹道。④荷（hè）：扛，担，这里指披着。⑤芦管：芦苇做的乐器。⑥蓬蒿（hāo）：一种植物，这里指用蓬蒿的茎当箭。⑦黄犊：小黄牛。

〔译文〕

清晨沿着弯弯曲曲的江湾去放牧。
傍晚时分赶着牛群穿过村庄的山谷而归。
身披蓑衣，浴着淅淅沥沥的春雨走过树林，躺在莎草丛中吹起芦笛，悠扬的笛声中，莎草愈显葱郁。

在腰间插满蓬蒿当作箭，不怕猛虎来欺凌小牛犊。

〔解读〕

　　这首诗是牧童唱的歌谣。清晨，牧童沿着弯弯的江湾去放牛，天黑才归来。日复一日放牛的生活是辛苦的，是枯燥无味的，但是全诗看不出牧童有丝毫的抱怨和厌恶，在他眼中，放牧生活反而是丰富多彩的，这让人对牧童的牧牛生活充满了遐想。以天为盖地为庐，听着叮咚的流水声和清脆的鸟鸣声，就像听一首田园交响曲，人与自然完全融合。牧童与大自然的亲密和谐相处，不仅体现出劳动的乐趣，更说明了劳动创造美好生活。

（成敏　吴志慧）

47

田家词

[唐] 元稹

牛吒吒①,田确确②,旱块敲牛蹄趵趵③。
种得官仓珠颗谷,六十年来兵蔟蔟④,月月食粮车辘辘⑤。
一日官军收海服,驱牛驾车食牛肉,归来攸得牛两角。
重铸锄犁作斤⑥劚,姑舂妇担去输官,输官不足归卖屋。
愿官早胜雠早覆⑦,农死有儿牛有犊,誓不遣官军粮不足。

〔注释〕

①吒吒:农民叱牛的吆喝声。②确确:坚硬的样子。③趵趵:象声词,足击声。④蔟蔟:即"簇簇",丛聚的样子。此处以兵器的丛集体现战事的频繁。⑤辘辘:车轮声。⑥斤:斧子一类的工具,泛指农具。⑦覆:颠覆,灭亡。

〔译文〕

农夫吆喝着牛,耕着十分坚硬的土地,牛蹄敲击在干旱的土块上发出"趵趵"的声音。

种出的珍珠般珍贵的谷粒全都进了官家的粮仓，六十年来征战不断，士兵们日日月月的口粮都由农民供给。

官军在前线打仗，农民驱牛驾车为他们送去口粮，却连牛都被杀了吃肉，最后只带着两只牛角归家。

重新铸好农具耕田，种出的粮食由农妇担去交给官府，交得不够，回来还要把房子卖掉来纳税。

希望官军早点打胜仗，敌人早点覆灭，农民死了还有儿子，牛死了还有小牛犊，发誓不让官军粮草不足。

〔解读〕

古时的农民是怎么劳动的？他们的生活状况如何？此诗给我们展示了诗人所生活的年代的农民的生活。

农民吆喝着牛犁地，土块实在是坚硬无比，牛喘着粗气难以前行，但农民也只能大声吆喝着它，抽打着它。即使如此艰难地辛苦劳作，最终农夫自己也没能留存粮食。接下来，笔锋直接转向对农民如此艰辛却仍无所获的原因的探讨。农民终年劳累，以血和汗水换来的珍贵的粮食却进入了官兵们的仓库，这一切皆是因为六十年来藩镇战争不断，夹在中央与地方的斗争中受苦受难的只有百姓。

农民不仅要上交自己的劳动所得，还得自己驾牛车运着粮食去前线送粮。诗中尽是对农民们悲苦生活的描述，让人读来甚是感叹。

（郭东烁）

48

织妇词

[唐] 元稹

织妇何太忙,蚕经三卧①行②欲老。

蚕神女圣③早成丝,今年丝税抽征④早。

早征非是官人恶,去岁官家⑤事⑥戎索⑦。

征人战苦束⑧刀疮,主将勋高换罗幕⑨。

缫丝⑩织帛⑪犹努力,变缉⑫撩机⑬苦⑭难织。

东家头白双女儿,为解⑮挑纹⑯嫁不得。

檐前嫋嫋⑰游丝上,上有蜘蛛巧来往。

羡他虫豸⑱解缘天,能向虚空织罗网。

〔注释〕

①三卧:即三眠。蚕自初生至成蛹要蜕三次皮,蜕皮前不食不动,像处于睡眠状态,称为"蚕眠"。②行:将要。③蚕神女圣:指嫘(léi)祖,古代神话传说中的黄帝妻子,发明了养蚕治丝的方法,北周以后被祀为蚕神。④抽征:征收赋税,此处指征丝税。⑤官家:指朝廷。⑥事:从事。

⑦索：法度。⑧束：绑，捆。⑨罗幕：丝织的帷幕。⑩缫（sāo）丝：指将煮熟的蚕茧抽出成丝的工序。⑪帛：丝织品的总称。⑫变缉（qī）：纺织时变动丝缕。⑬撩机：拨动织机。⑭苦：甚，很。⑮解：能，会。⑯挑纹：挑花，一种纺织技术。⑰嫋（niǎo）嫋：轻盈柔美的样子。⑱虫豸（zhì）：泛指虫子。豸，没有脚的虫子。

〔译文〕

织妇为什么这么忙？蚕蜕皮三次之后就要老了。

织妇们诚心向蚕神祷告，保佑蚕儿早点出丝，因为今年官府征收丝税的时间提前了。

今年提前征税并不是因为官员横征暴敛，而是去年朝廷在边境发动了战争。

战士们出征在外打仗艰苦，丝织品可以拿来包扎伤口，军队的统帅劳苦功高，也可以得到丝织的帷幕作为奖赏。

平日里抽茧出丝、织造丝帛尚且费时费力，纺织时变换丝线脉理而织成花锦更是难上加难。

东邻家中女子挑花技艺高超，被娘家羁留不得出嫁而贻误了青春。

屋檐前轻柔的蜘蛛网上，蜘蛛轻巧地来回爬动。

羡慕虫子顺应天性，能够自由自在地编制罗网。

〔解读〕

本诗描写了织妇日夜辛勤劳动仍被剥削的生活状态，反映了社会底层的老百姓生活的不易。

中国古代文明是农耕文明，在封建时代以自然经济为主。妇女纺织生产的产品，既要满足家庭生活所需，还要缴纳赋税，织妇的辛苦就不言而喻了。在"蚕经三卧行欲老"之际，她们就要备料以供蚕儿结茧之用，之后还要煮茧缫丝，非常辛苦。

"蚕神女圣早成丝,今年丝税抽征早"这两句诗说明织妇辛勤劳作的产品要缴纳赋税。她那样辛勤地劳作,劳动所得却不归自己所有,劳苦而受剥削的形象展现了出来。

"缫丝织帛犹努力"四句写织作之苦。一般的织妇已经很辛苦,专业织锦户专织花样新奇的高级彩锦,供统治者奢侈享乐。织有花纹的绫罗实属不易,需要精湛的技术,由于培养一个技术高超的能手十分不易,当时竟有巧女因手艺出众而被娘家羁留,贻误青春。被禁锢在织机上的织女,竟对屋檐下蜘蛛网上的蜘蛛生出羡慕之情,只因蜘蛛能顺应天性自由织网。

(成敏　吴志慧)

49

农家望晴

[唐] 雍裕之

尝①闻②秦地西风雨，
为问西风早晚回？
白发老农如鹤立，
麦场高处望云开。

〔注释〕

①尝：曾经。②闻：听说。

〔译文〕

曾经听说秦地刮了西风就要下雨，为此询问西风什么时候回去？

头发花白的老农像鹤一样站立在麦场的高处，盼望着乌云快快散去，太阳早些出来。

〔解读〕

本诗开篇设置问题：西风啊，你什么时候回去？写出了对天气的关切。

天气好坏关系着庄稼一年的收成，诗人站在农家的立场，祈盼不要下雨。接着诗人选取了一个典型形象来描绘：白发老农如鹤一般，站立在麦场高处，盼望西风回去，乌云散开，太阳重现。两句诗写出了老农盼望天晴的迫切心情。

全诗通过描述收获季节西风至、大雨将临，一个老农登上麦场盼望云开的场景，集中刻画了一个老农的形象，使人联想到农家一年的艰辛劳作和他们肩上的沉重负担，具有很深的潜在含义。

此诗虽无半字同情、歌颂农民，却深刻表达了对农民的同情与歌颂。

（卓婷婷）

50

老圃堂

[唐] 曹邺

邵平瓜地①接吾庐，
谷雨②干时手自锄。
昨日春风欺不在，
就床吹落读残书。

〔注释〕

①邵平瓜地：邵平，即召平，秦时东陵侯。典出《史记·萧相国世家》："召平者，故秦东陵侯。秦破，为布衣，贫，种瓜于长安城东，瓜美，故世俗谓之'东陵瓜'。"②谷雨：二十四节气之一。"雨生百谷"，谷雨为北方春播作物播种、出苗的好时节。

〔译文〕

我仿照汉代的邵平，在家的边上开了荒，种了许多的瓜。谷雨时节若天气干燥无雨，我就亲自去耕种浇水了。

昨天春风欺负我不在家里，把我床上看了一半的书吹落到了地上，还偷偷地翻阅了几页。

〔解读〕

这是一首描写诗人田园生活的诗歌。

诗人写出了自己的农家耕作生活，并用浅显易懂的话语直接陈述谷雨前后种瓜的农活，看得出诗人对农事十分上心，也从侧面说明诗人追求躬耕田园，想要过恬淡自然、自得其乐的田园生活。

从该诗后两句还可看出诗人满足于当下的耕读生活，于农闲之时读书，修养身心，抛却世俗尘杂。该诗还运用了拟人手法，写出了春风的淘气可爱，十分生动。

（郭东烁）

51

田翁叹

［唐］于濆

手植千树桑，文杏①作中梁。
频年徭役重，尽属富家郎。
富家田业广，用此买金章②。
昨日门前过，轩车③满垂杨④。
归来说向家，儿孙竟咨嗟。
不见千树桑，一浦芙蓉花。

〔注释〕

①文杏：即银杏，俗称白果树。木质纹理坚密，是建筑和手工业的高级用材。②金章：金制的官印，代指官宦仕途。一说铜印。③轩车：有屏障的车，为古代大夫以上的人所乘。④垂杨：垂柳。

〔译文〕

亲手种下几千株桑树，所种银杏是当房梁的好材料。
连续几年徭役繁重，种的桑树、银杏都成了富人的东西。

富人田地家业甚广，用这些财物来买官当。

昨天从富人门前路过，门前柳树下停满贵人的车辆。

回来说给家人听，儿孙们都感叹。

看不到之前所种的上千株桑树，只看到原来的桑林变成荷花池，种满了荷花。

〔解读〕

　　这首诗以一个以种树为生的老翁的视角展开叙述，揭露了封建社会的"吃人"真相。老翁以种树为生，勤勤恳恳一辈子，种下许多桑树和银杏。这些树本该成为子孙后代生存的基础，然而对此抱有期待的老翁没能保住它们。繁重的徭役让他难以生存，他只能将一辈子的心血和全家的希望——他种的那些树卖给富家郎来渡过难关。然而富家郎却砍光树木，推平土地，建造供他赏乐的荷花池。老翁辛勤种下、视为心血的树木，对家财丰厚的富家郎而言，不如一池荷花。在这样的社会现实下，富家郎还能花钱买官，门前宾客也尽是达官显贵。这样的命运对比，使老翁的儿孙"竟咨嗟"。作者写下这首诗，表现了对底层劳动人民的无限同情，以及对腐朽的统治阶层的愤懑之情。

（徐湾）

52

里中女①

[唐]于濆

吾闻池中鱼，不识海水深；
吾闻桑下女，不识华堂阴。
贫窗苦机杼②，富家鸣杵砧③。
天与双明眸，只教识蒿簪④。
徒惜越娃⑤貌，亦蕴韩娥⑥音。
珠玉不到眼，遂无奢侈心。
岂知赵飞燕⑦，满髻钗⑧黄金。

〔注释〕

①里中女：指居住在穷乡僻壤的女子。里，乡里。②机杼：代指织布机。③杵砧：捣衣的棒槌与捣衣石。④蒿簪：野蒿制成的簪子。⑤越娃：西施。⑥韩娥：春秋时期著名歌唱家。《列子》中记载了韩娥"余音绕梁，三日不绝"的故事。⑦赵飞燕：汉成帝的皇后。⑧钗：发钗，此处作动词用。

〔译文〕

我听说生活在水池中的鱼,不了解海水有多深;

我听说桑树下的采桑女,不了解富贵人家的厅堂有多深。

贫家女在窗下辛苦织布,富人家里响起捣衣声。

天生一双明亮的眼睛,却只能见到野蒿制成的簪子。

徒有西施之貌却只能埋没于乡野,有韩娥的歌喉却湮没无闻。

从来没有见过珍贵的珠宝玉石,所以有一颗纯洁而质朴的心。

哪里知道受宠的赵飞燕,发髻上插满了黄金制成的发钗。

〔解读〕

于濆是生活在晚唐的一位现实主义诗人。他写过不少关心贫苦百姓生活、反映社会现实以及揭露封建统治阶级恶行的诗篇,本诗就是其中的一首。"贫窗苦机杼,富家鸣杵砧",这两句是说,贫苦人家的女孩日日在窗旁的织机上辛苦织布,富贵人家却日日响起捣衣之声。"苦机杼"的"苦"反映了里中女的辛劳,然而她的劳动成果,却全被富人占有了。富人不养蚕、不织布,反而遍身罗绮,有做不完的衣服。这是封建社会的真实写照。

晚唐时期,朝政日非,国势日微,赋敛日重,劳动人民终岁劳苦,不得温饱,而豪门贵族却日日享乐。诗人在诗中描写的这位美丽、勤劳、"无奢侈心"的里中女,是那个时代受压迫、剥削的劳动人民的缩影,这首诗即表现了诗人对劳动人民的同情与讴歌。

(邓坤明)

53

农家

[唐] 颜仁郁

夜半呼儿趁晓耕，
羸牛无力渐艰行。
时人①不识农家苦，
将谓②田中谷自生。

〔注释〕

①时人：当时的人。这里指不知劳作辛苦的人。②将谓：就以为。

〔译文〕

夜半时分，农人便催促着孩子们趁天刚亮赶快耕田。羸弱的老牛拉着犁，在田里有气无力地走着。

时人不知道种田的辛苦，还以为禾苗不用种就能自己长出来。

〔解读〕

在封建社会，劳动真的能创造幸福吗？许多诗家粉饰太平，颜仁郁却直面生活的本真，关注民生，从普通民众视角关照社会现实。诗作前两句叙事，农人半夜就催促孩子们起床耕田，老牛羸弱不堪。后两句议论，痛斥富家子弟不知道耕种的辛苦。晚唐时期，社会黑暗，人民生活在水深火热之中，统治者们却视而不见，此诗如当头棒喝，催人警醒，有强烈的现实意义。

（鲁伟）

54

田家二首·其一

[唐] 聂夷中

父耕原上田,
子劚①山下荒。
六月禾②未秀③,
官家④已修仓。

〔注释〕

①劚（zhú）：大锄。此处作动词，挖掘。②禾：禾苗，指稻苗。③秀：谷类植物抽穗开花。④官家：官府，公家。旧时也以"官家"称呼为官者、皇帝。

〔译文〕

父亲在田园里耕作，儿子在山下开荒。

六月的稻谷还没有抽穗，官家已修好粮仓等待征敛。

〔解读〕

本诗前两句描写农民父子二人在山中忙碌地耕种、开荒，这两句描写的也是千千万万个农民家庭的缩影。"原上田""山下荒"泛指已耕种的田亩和正开拓的荒地。山上、山下忙碌的身影，有力地描绘出农民生活的艰辛。

本该五月抽穗的稻谷，六月了还未抽穗，是什么原因导致的？是天灾还是人祸？这值得思考。可偏偏在这种时候，官家还丝毫不为百姓着想，而是忙于修仓，准备收税。这样一来，官家贪婪残暴、冷漠无情的嘴脸一览无余。

本诗深切表达诗人对劳动人民的同情，同时深刻揭露封建统治者对百姓的残酷剥削。

（王元丽）

55

田上

[唐] 崔道融

雨足高田①白，
披蓑②半夜耕。
人牛力俱尽，
东方殊③未明④。

〔注释〕

①高田：高处的田。②披蓑（suō）：披着蓑衣。③殊：尤，还。④未明：没亮。本句指天还没有亮。

〔译文〕

充足的雨水使得高处的田地一派白茫茫，半夜里，农夫们披着蓑衣冒着雨在田里耕作。

人与牛力气都使尽的时候，天还没有亮呢。

〔解读〕

本诗描写农民在雨天半夜辛劳耕作的场景。"雨足"一句，是说雨水充足,高处的田地里蓄了白茫茫的积水。即使下雨,困难重重,农夫们仍然披上蓑衣,赶着水牛,连夜耕田,生怕错过春耕。

后两句采用对比手法,"力俱尽"指农夫与耕牛累得筋疲力尽,而"殊未明"写出农夫在辛苦劳作很长时间后天还未亮。天亮之后,农民又将何去何从?这给读者留下了广阔的想象空间。

这首诗通过半夜雨中耕作场面来反映劳动人民生活的艰辛。诗人细致描绘的是当时某一位农夫的生活,却又代表着千千万万个农夫的遭遇。全诗无一字直接抒情,却又字字饱含深情,强烈地表达了诗人对劳动人民苦难生活的同情。

(王元丽)

56

感兴

[唐] 郑谷

禾黍①不阳艳②,
竞栽③桃李春。
翻令④力耕者,
半作卖花人。

〔注释〕

①禾黍：禾与黍，泛指黍、稷、稻、麦等粮食作物。②阳艳：指在阳光照耀下显得鲜艳美丽。③竞栽：竞相栽种，含有抢栽之意。④翻令：反而使得，含有强迫命令之意。

〔译文〕

禾黍等粮食作物在阳光下不够鲜艳亮丽，农人便竞相栽种桃树和李树，来获得春天般的美丽。

这样一来，反而使得原先在田地上辛勤耕作的农民，有一半成了卖花的人。

〔解读〕

  这是一首针砭时弊、讽喻时事的五言绝句。前两句写农民辛苦耕种的禾黍等粮食作物不够鲜艳亮丽，于是他们都去栽种桃树和李树。这样虽然切合了封建统治阶层的心意，使得他们都能欣赏到桃李芬芳的宜人春色，但是本应在农田辛勤耕作的农民，却有一半被迫当了卖花人，去市场里卖这些外表鲜艳却不能食用的花卉。统治阶层过分地追求表面的奢华，却没有深入社会底层，了解百姓真实的需求。诗歌深切体现了诗人对劳动人民的同情与对封建统治者的批判。

（廖丹）

57

蚕妇

[唐] 杜荀鹤

粉色全无饥色加,

岂知人世有荣华。

年年道我蚕辛苦,

底事①浑身着苎麻②?

〔注释〕

①底事:为什么。②苎麻:荨麻科植物,可纺纱。

〔译文〕

脸色蜡黄无血色,皮肤干燥没有一点光泽,哪知道人世间还有荣华富贵。

每年都有人说我养蚕缫丝很辛苦,可为何我身上穿的是麻布衣服?

〔解读〕

这是一首描述养蚕妇女的艰辛劳苦的诗。

唐末，大唐王朝的辉煌不复从前，政治腐败，民生凋敝，社会混乱，再加上朝廷不作为，百姓生活十分困苦，然而官僚阶层却依旧过着享乐奢华的生活，让人无法忍受。杜荀鹤从普通养蚕妇人的视角进行创作，描述其外在容貌以及身上穿着，极力表现她的辛苦与不幸。

该诗语言平实自然，通俗易懂，却于平实之中见悲愤，尤其是对比手法的运用，使得这种情感愈加激烈。

这首诗虽只有寥寥数语，但艺术水平达到了一个新高度。

（郭东烁）

58

贫女

[唐] 秦韬玉

蓬门①未识绮罗②香,拟③托良媒益④自伤。
谁爱风流高格调⑤,共怜⑥时世俭梳妆⑦。
敢将十指夸针巧,不把双眉斗⑧画长。
苦恨⑨年年压金线⑩,为他人作嫁衣裳!

〔注释〕

①蓬门:蓬草编的门,指贫苦人家。②绮罗:华贵的丝织品或丝绸衣服,这里指富家女子的华丽衣裳。③拟:打算。④益:增多,增加。⑤风流高格调:指格调高雅的妆扮。风流,洒脱放逸、文雅潇洒。格调,品格和情调。⑥怜:喜爱。⑦时世俭梳妆:时世妆,又称"俭妆",是当时流行的一种妆扮。白居易有《时世妆》一诗。⑧斗:竞争,比赛。⑨苦恨:非常懊恼。⑩压金线:指刺绣。

〔译文〕

贫家的女儿不识绮罗的香气,打算找个好媒人说门亲事,却更加伤心。

谁爱我高尚的品格和高雅的情调？大多人都追捧此时正盛行的俭妆。

敢自夸针线活做得灵巧，平日也不画蛾眉与其他女子比美。

非常懊恼每年都做刺绣活，都是为别的女子做嫁衣！

〔解读〕

诗人刻画了一位家境贫苦的正处青春妙龄的绣女形象，她心灵手巧，技艺高超。

全诗没有第二个人物，只有独自做着绣活的贫女。贫女没有姓名，她是广大贫困百姓的一员，以独白的方式诉说着自己的苦恨。诗中描写了一种极不公平的社会现象：贫女虽出身贫苦，身上的优良品质却非常多，她衣着朴素，无意追逐潮流，格调高雅，年年手不停歇地绣着华美贵气的绮罗，而它们都将被送往富贵人家供贵妇、贵女挑选。纵然贫苦、操劳、粗衣简食，她只恨年华易逝，良媒难托，姻缘遥遥无期，长恨不绝。

这首诗以贫女为喻，委婉曲折地表达出志在仕途的寒门士子的苦恨。他们正如贫女，家境贫寒，但饱读诗书，品行高洁，却无人引荐，何日能出人头地，施展自己的满腹才华？

好在当今社会，人人平等。只要你是有劳动技能的人或是才能出众的人，你就有实现价值、获得幸福的权利和机会，"幸福是奋斗出来的"，"撸起袖子加油干"！

（袁玉辉）

59

农父①

[唐] 张碧

运锄耕斸②侵星起，
陇亩丰盈满家喜。
到头禾黍属他人，
不知何处抛③妻子。

〔注释〕

①农父：老农。②斸（zhú）：大锄。③抛：抛弃，结合诗意可理解为"卖掉"。

〔译文〕

星星还没有坠落就起床去田间劳动，庄稼丰收在望，全家是多么高兴呀！

到头来丰收的庄稼都归别人所有，不知道去什么地方卖掉妻子儿女。

〔解读〕

诗的第一句写了农父的勤劳和田间劳作的辛苦。农父劳作不只是为了糊口，更是为了全家的生存，丰收是农父辛勤劳作的结果。第二句便写到丰收及丰收所带来的喜悦，但这种喜悦是极其短暂的，丰收对农父来说也不过是一场美梦。第三、四句，庄稼收完了，自己的血汗却流入了别人的仓廪，农父依旧一贫如洗；农父不知道如何打发妻子儿女，也许卖掉他们才能为他们谋得一条生路。第三句是实写，写的是已发生的事实，第四句却是虚写，写的是一个尚在农父心中的痛苦念头。这样不仅写出了农父家庭的不幸，更写出了农父内心的痛苦辛酸，一个"抛"字暗含着无限的悲愤，它将农父那种无可奈何、强忍割舍的绝望心情一下子凸显了出来，而诗到此也戛然而止。

  这首小诗是以口语写成，通俗易懂，诗人并未发议论，可读完全诗后使人联想到杜甫在《石壕吏》中对贪官污吏、对剥削者的切齿诅咒，表现手法十分高超。

（程晓荣）

60

风流子·茅舍槿篱溪曲

[五代] 孙光宪

茅舍槿篱①溪曲②,鸡犬自南自北。
菰③叶长,水荭④开,门外春波涨绿。
听织,声促,轧轧鸣梭穿屋。

〔注释〕

①槿(jǐn)篱:种植槿树作为篱笆。②溪曲:小溪弯曲处。③菰(gū):水生草本植物,嫩茎叫"茭白",果实叫"菰米"。④水荭(hóng):即荭草,草本植物,夏秋开花。

〔译文〕

一座周围种满了槿树的茅草屋坐落在潺潺的溪水弯曲之处。鸡犬自由地在各处嬉戏,欢快的鸣叫声从南北各个方向传来。

水边的菰已经长大,荭草的花在水边盛放。门外满塘池水荡漾着春日的绿意。

屋内传来急促的织机声,梭子在来回穿梭,"轧轧"作响。

〔解读〕

这首词描写了水乡农舍风光和农妇的劳作：恬静的田园村舍风光与农妇勤劳织布的声音交织在一起。词人描绘了一幅典型的具有江南水乡特色的安详农家图，但安详中有不息的生机，在菰叶，在茳花，在门外流水，在门里人家的织布声，其中有急而"促"的劳作。

这首诗歌内容丰富，有动有静，尽管无一字描写人物，但从井然有序的庭院景物及织机声中，可以联想出一幅农妇劳动的画面，根据急速的梭声，可想见梭的穿梭速度之快，可见织布农妇的技术娴熟、心灵手巧、聪明能干，以及劳作的忙碌。诗歌体现了古代中国农耕经济下，劳动人民的辛劳及水乡田园的美丽。

（成敏　吴志慧）

61

畲①田词五首·其一

［宋］王禹偁

大家齐力斸②屠颜③，
耳听田歌手莫闲。
各愿种成千百索④，
豆萁⑤禾穗⑥满青山。

〔注释〕

①畲（shē）田：用刀耕火种的方法耕种的田地。②斸（zhú）：挖，掘。③屠颜：险峻的样子。④索：百姓自定的田地大小的单位。作者自注："山田不知畎亩，但以百尺绳量之，曰某家今年种得若干索，以为田数。"千百索，极言畲田之多。⑤豆萁：豆秸，泛指豆类作物。⑥禾穗：稻谷的穗。

〔译文〕

大家齐心协力，在险峻的高山上砍伐树木，开垦田地。听着田歌，手上也不要停下活计。

大家都希望自家种上许多亩庄稼,将豆萁、禾穗种满青山。

〔解读〕

　　劳动最光荣,劳动最崇高,劳动最伟大,劳动最美丽。诗人王禹偁笔下的山民便是这样一群"美丽"的劳动者。春风和煦,万物觉醒,山民们神采奕奕,容光焕发,准备大干一场:有的喜笑颜开,手持锄具,进山开荒;有的引吭高歌,扛起锄头,入田耕种。寥寥几句,言简意赅,却已凸显出山民改山造田的磅礴气势。他们辛勤地开垦着层层叠起的畲田,争分夺秒地享受着春雨贵如油的耕作日子,只期待豆萁布满青山,只期待禾穗压低腰肢,只期待他们挥洒的汗水浇出"劳动的果实"。

(阮伶俐)

62

畲田词五首·其三

[宋] 王禹偁

谷声猎猎①酒醺醺，
斫②上高山入乱云。
自种自收还自足，
不知尧舜③是吾君。

〔注释〕

①猎猎：象声词。②斫：砍伐。③尧舜：唐尧和虞舜，传说中的上古贤明帝王。

〔译文〕

在风吹稻谷的猎猎声中喝得醉醺醺，登上高山砍伐，走到乱云中去。

自种自收、自给自足的生活多么美好，甚至不知道唐尧、虞舜是我们的国君。

〔解读〕

这首诗生动地描绘了山民自给自足、自劳自得的快乐生活，诗中有画，画中有诗。逶迤的山岭之间，高峻险要的峭壁之上，劳动者带着微醺登山砍伐。是什么让他们如此快乐？是劳动！劳动是财富的源泉：他们上高山开垦田地，共同劳作，"自种自收"，丰衣足食！劳动是幸福的源泉：他们醉酒吟唱，互相勉励，精神愉悦，生活幸福！

　　幸福是奋斗出来的！而奋斗的实质是辛勤劳动。只有通过辛勤劳动，才可像诗中山民一样更加充分、自由地体现人的劳动价值；只有快乐劳动，才可真正获得美好生活。

（阮伶俐）

畲田词五首·其四

[宋] 王禹偁

北山种了种南山，
相助力耕岂有偏？
愿得人间皆似我，
也应四海少荒田。

〔译文〕

种完了北山再种南山，帮助邻人们耕地，怎能有偏颇？

希望这世间的人都像我们一样，那么五湖四海内，就会少很多荒田。

〔解读〕

本诗开篇两句简明地概括了劳动"分先后"和"共同劳作"的特点，充分体现了山民们一家垦畲、四邻相助的淳朴高尚的美德，是对劳动者的深情讴歌。紧接着，诗人借农夫之口，表达了愿世上之人都勤奋劳作的殷切期盼。因为只有这样，才可使苍茫四海内的荒芜田地日趋减少，才可从根本上解决百姓的生计问题、温饱问题，使他们安居乐业。

诗人出身农家,不仅熟谙农事,更深知劳动的重要性;诗人身为地方官员,不仅心系民众,更关心国家大事。在政治上,诗人主张改革,提出"重农耕、节财用、任贤能"等有利于国计民生的主张,以恢复战乱后深受破坏的农业生产,对人民、对国家而言可谓意义重大。本诗是诗人对劳动者的深切赞美与深情讴歌,表达了诗人对勤劳肯干的风俗的极力褒扬。

(阮伶俐)

64

江上渔者①

[宋] 范仲淹

江上往来人，
但②爱③鲈鱼④美。
君看一叶舟⑤，
出没⑥风波⑦里。

〔注释〕

①渔者：捕鱼的人。②但：只。③爱：喜欢。④鲈鱼：一般指花鲈，是一种口大、下颌凸出、体侧扁、背部和背鳍上有小黑斑的鱼，栖息近海，也进入淡水，味道鲜美，为常见食用鱼类。⑤一叶舟：指小船像漂浮在水上的一片树叶。⑥出没：指小船在浪中一会儿看得见，一会儿看不见。⑦风波：波浪。

〔译文〕

江上来来往往的人们，只喜爱美味的鲈鱼。

你看那渔人驾着的小舟，像一片树叶一样漂在江上，在大风大浪里时隐时现。

〔解读〕

在江面上来往游玩的人们，都喜爱鲜美的鲈鱼，但是很少有人知晓这鲜美的鱼儿，却是渔人历经风险同风浪搏击而来。本诗语句看似平淡，却折射出渔人的辛酸和艰辛。全诗通过反映渔人劳作的艰苦，唤起人们对民生疾苦的关怀，体现了诗人对劳动人民的深切同情。

(廖丹)

65

陶者①

［宋］梅尧臣

陶②尽门前土，
屋上无片瓦③。
十指不沾泥，
鳞鳞④居大厦⑤。

〔注释〕

①陶者：造瓦器的人，这里指烧瓦工人。②陶：烧制瓦器，此处指挖土烧瓦。③无片瓦：没有一片瓦。④鳞鳞：形容屋瓦如鱼鳞般整齐排列。⑤厦：高大的房屋。

〔译文〕

贫穷的烧瓦工人挖光门前的土来烧瓦，但自家房屋上却没有一片瓦。
那些富贵人家连泥也不碰一下，却住在铺满瓦片的高大的房屋中。

〔解读〕

《陶者》是一首反映劳动者疾苦，讽刺封建社会贵族不劳而获的诗作。

诗的前两句用"陶尽门前土"与"屋上无片瓦"进行比较，劳动者挖尽门前的土来烧瓦，自己的居所却一片瓦都没有。后两句用"十指不沾泥"与"鳞鳞居大厦"进行比较，富贵人家连泥都不碰，却住在铺满瓦片的高大房屋中，再想想前两句诗中写的劳动者，人间之不公平可想而知。整首诗用这种鲜明的对比展示了封建社会的不公，令人惊叹，表现了对普通劳动者的同情。

（乐晓岚）

66

煮海歌①

[宋] 柳永

煮海之民②何所营③?妇无蚕织夫无耕。
衣食之源何寥落,牢盆④煮就汝输征。
年年春夏潮盈浦,潮退刮泥成岛屿⑤;
风干日曝盐味加,始灌潮波塯⑥成卤⑦。
卤浓盐淡未得闲,采樵深入无穷山;
豹踪虎迹不敢避,朝阳出去夕阳还。
船载肩擎未遑歇,投入巨灶炎炎热。
晨烧暮烁堆积高,才得波涛变为雪。
自从潴⑧卤至飞霜,无非假贷充餱⑨粮;
秤入官中充微值,一缗往往十缗⑩偿。
周而复始无休息,官租未了私租逼;
驱妻逐子课⑪工程⑫,虽作人形俱菜色。
煮海之民何苦辛,安得母富子不贫⑬!
本朝一物不失所,愿广皇仁到海滨。
甲兵净洗征输辍,君有余财罢盐铁。

太平相业尔惟盐,化作夏商周时节。

〔注释〕

①煮海歌:本诗为柳永任晓峰盐场监督官时的作品。②煮海之民:指在海边靠煮海水熬盐为生的盐民。③营:谋生。何所营,靠什么谋生。④牢盆:即煮盐的盆。⑤刮泥成岛屿:意为把含盐的泥刮起来堆得像岛屿一样。⑥溜(liù):同"溜",小水流。此处作动词,以小水流浇灌之意。⑦卤:盐卤。⑧潴(zhū):水停积处。⑨餱(hóu):干粮。⑩缗(mín):一千钱串成一贯,称为一缗。⑪课:督促。⑫工程:指煮盐的事。⑬母富子不贫:"母""子"代指国家与百姓。

〔译文〕

海边的人民以什么为生?海边的盐碱地种不出桑树和五谷,女子不能养蚕织布,男子不能耕田种地。

衣食来源不足,只有煮海熬盐来抵官方的赋税。

每年春夏时期,海水涨潮盈满海滨,落潮时,含盐的泥被水冲刮,堆成岛屿。

风吹日晒的时间久了,泥中盐味就增加了,这时就在上面浇海水,淋出盐卤。

虽然海水制成的盐卤很浓,但是盐味还不够,盐民不敢闲着,要到大山深处去砍柴,用来煮海水熬盐。

深山中有豺狼虎豹,但不能因为危险就不去,必须得早出晚归。

砍到柴以后,船运肩扛将柴运出深山,一刻都不停歇地运回来,马上投入巨大的灶炉中。

柴堆得高高的,燃起熊熊大火,从早烧到晚,才把海水熬成洁白的盐。

制盐的几个月辛苦过程中,盐民没有收入,只能向人家借贷得以果腹。

把盐卖给官家，只能得到很少的钱，而之前借的钱却往往要十倍偿还。

就这样周而复始地劳动，一刻都得不到休息，官家的租税还没有缴完，放高利贷的又来催债了。

赶着妻子和孩子都去劳作，全家人都面黄肌瘦。

盐民们这么辛苦为了什么？哪天才能让国家富裕人民也不贫穷？

我们这个朝代原本可以使天下人各得其所，使人人都过上安居乐业的生活，希望皇家的仁德能尽快推广到海边的盐民身上。

希望有一天战争结束，赋税免征，官家富足，盐铁罢税。

太平盛世，宰相像调料中的盐一样，使国家像夏商周三代那样。

〔解读〕

本诗可分为两层，第一层从首句到"虽作人形俱菜色"，第二层为剩下部分。第一层主要写盐民的艰难生活，前四句总领第一层，用不具备耕织条件的盐民引出盐民熬盐的艰苦过程，又引出盐民在官租、高利贷的双重压迫下过着艰苦的生活，为第二层做铺垫；第二层主要用盐民惨痛的遭遇向统治阶级呐喊，结尾讽谏，请求免去劳役和盐铁税，让百姓都过上安居乐业的生活。诗歌情感深沉，笔力千钧，体现了诗人对穷苦盐民的深刻同情。

（乐焰萍）

67

蚕妇[①]

[宋] 张俞

昨日入城市[②],
归来泪满巾。
遍身[③]罗绮[④]者,
不是养蚕人!

〔注释〕

①蚕妇：养蚕的妇女。②市：交易，做买卖，指卖蚕丝。③遍身：全身。④罗绮：丝织品的统称。罗，外观似平纹绸，有由经纬纱绞合而成的有规则的横向或纵向孔眼的丝织物。绮，平纹底上起花纹的丝织品。诗中，罗绮指丝绸做的衣服。

〔译文〕

昨天我进城去卖蚕丝，回来时泪水湿透了手巾。
那些穿着绫罗绸缎的富人，没有一个是养蚕的人!

〔解读〕

　　这首诗通过描写以养蚕为业的农村妇女入城卖丝的所见所感，揭示了劳而不获、获而不劳的社会现实。城里身穿丝绸的人，都是有权有势的富人，而像蚕妇这样的劳动人民，即使养一辈子蚕，也穿不上"罗绮"。诗人用朴素的语言揭示了社会的极端不公，用对比的手法揭示了封建社会阶级对立的残酷现实。全诗没有高妙的意象，不着一字评论，但在对普通生活场景的刻画中，读者真切体会到诗人对劳动人民的深切关怀和同情。

（邓娜娜）

68

书①湖阴先生②壁二首·其一

[宋] 王安石

茅檐③长扫净无苔,

花木成畦④手自栽。

一水护田将绿绕,

两山排闼⑤送青来。

〔注释〕

①书:指题诗。②湖阴先生:杨德逢,是王安石晚年居住金陵(今江苏南京)时的邻居,一位隐居之士。③茅檐:茅屋檐下,这里指庭院。④成畦:成垄成行。⑤排闼(tà):推开门。闼,宫中小门,泛指门。

〔译文〕

庭院经常打扫,洁净得没有一丝青苔。庭院的花草树木被修剪得成垄成行,是主人亲手栽种的。

蜿蜒的流水护卫着翠绿的农田,推开门,两座青山映入眼帘,送来满满的绿意。

〔解读〕

  本诗描写了湖阴先生居住环境之美,一方面体现在湖阴先生家的洁净——当时江南正值潮湿多雨的初夏季节,极易滋生青苔,但湖阴先生家的院子干净得连一丝青苔都没有,想必是湖阴先生日日打扫的成果,足见湖阴先生的勤劳;另一方面则体现在湖阴先生的爱美之心和乐于创造美的高尚情趣——湖阴先生亲手栽种了"成畦"的花草树木,与庭院外的青山、绿水、农田相映成趣。

(朱晓婷)

69

郊行

[宋] 王安石

柔桑采尽绿阴^①稀，
芦箔^②蚕成密茧肥。
聊^③向村家问风俗^④：
如何勤苦尚凶饥^⑤？

〔注释〕

①绿阴：绿荫。②芦箔：用芦苇编织成的席子或筛子，蚕可在上面吐丝结茧。③聊：暂且。④风俗：这里指收成。⑤凶饥：饥荒，荒年。

〔译文〕

柔嫩的桑叶采完了，绿荫也稀疏了，芦箔上的蚕茧结得又密又肥。

暂且向村民们问问今年的收成：你们这样勤劳辛苦，为什么还会闹饥荒呢？

〔解读〕

桑叶采尽，蚕茧肥密，这是养蚕农民用辛勤的劳动换来的丰硕成果。

丰收本应是令人喜悦的事，可诗人随口问蚕农的生活，得知他们过得仍像荒年一样凄苦，让人倍感困惑和惊异。诗中只问"如何勤苦尚凶饥？"而没有作答，暗示了北宋统治阶级对老百姓的残酷剥削，表现了诗人对这种状况的不满和对劳动人民的无限同情。在封建社会中，统治阶级对广大人民劳动创造的价值进行剥削，劳动人民自身的价值得不到尊重。

（朱晓婷）

70

打麦

[宋] 张舜民

打麦打麦,彭彭魄魄,声在山南应山北。
四月太阳出东北,才离海峤①麦尚青,转到天心麦已熟。
鹈旦②催人夜不眠,竹鸡③叫雨云如墨。
大妇④腰镰出,小妇具⑤筐逐。
上垅⑥先捋青⑦,下垅已成束。
田家以苦乃为乐,敢惮⑧头枯面焦黑!
贵人荐庙⑨已尝新⑩,酒醴雍容会所亲⑪。
曲终厌饫⑫劳⑬童仆,岂信田家未入唇!
尽将精好输⑭公赋,次把升斗求市人⑮。
麦秋⑯正急又秧禾⑰,丰岁自少凶岁多,田家辛苦可奈何!
将此打麦词,兼作插禾歌。

〔注释〕

①海峤(jiào):海中的高山,指日出之处。峤,尖锐的高山。②鹈

(hé) 旦：鸟名，又作"鹖鸣"。③竹鸡：鸟名，又名"竹鹧鸪"。④大妇：大儿媳。⑤具：准备。⑥上垅：走进麦田。⑦捋（luō）青：将新麦摘取下来。捋，以手握物向一端顺势摘取。青，指新麦。⑧敢惮：不怕。⑨荐庙：用新麦祭祖。⑩尝新：尝食新麦。⑪会所亲：和亲友聚会。⑫厌饫（yù）：吃饱喝足之后的剩余食物。⑬劳：慰劳。⑭输：交纳，献纳。⑮求市人："求人市"，求人买。⑯麦秋：收麦季节。⑰秧禾：插秧。

〔译文〕

打麦的声音噼里啪啦，声音从山南发出，回响在山北。

四月的太阳从东北方升起，刚离开山尖时麦还青，转到正上空时，麦穗已经变黄成熟。

鹖旦不停地叫，催着农民们睡不好觉只能起来劳作；竹鸡也鸣叫着，好像在说大雨要来了，乌云如墨。

大儿媳腰上挂着镰刀出门，小儿媳背上竹筐跟在后面。

上田垅的时候先摘新麦，下田垅的时候麦已经捆成束。

农民苦中作乐，哪里怕头发枯黄、面容晒黑？

达官显贵们祭祖后已经尝了新麦，喝着酒，宴请亲友。

典礼结束，他们吃饱喝足，将剩余的食物赏给奴仆，谁会想到农民们一口也没吃着？

农民们把好麦都交了税赋，又把剩下的拿到市场求人买。

收麦忙时又要赶着插秧，毕竟丰年太少，灾荒之年太多，农民们辛苦也无可奈何！

献上我这首打麦词，同时又将它当作插秧歌。

〔解读〕

本诗通过详细写农民的辛苦劳作，表达对农民的同情，以及对封建社会不公现象的愤懑。

诗人通过描写收麦的各种活动，如"打麦""捋青"等，刻画收麦时的繁忙场面。日出而作，日落而息；起早贪黑，劳作艰苦，农民们却苦中作乐。诗中有劳作的忙碌、充实，也有丰收的喜悦，但这种喜悦是无奈的，充满辛酸与凄苦。打麦结束后又紧跟着插禾，一桩农事刚忙完，另一桩又开始了。诗歌从头至尾离不开"辛苦"二字，反映了农民的辛勤劳作，抒发了对劳动人民的同情与对封建统治者的批判。

（乐焰萍）

71

新城道中二首·其一

[宋] 苏轼

东风①知我欲山行，吹断檐间积雨声。
岭上晴云披絮帽②，树头初日挂铜钲③。
野桃含笑竹篱短，溪柳自摇沙水清。
西崦④人家应最乐，煮葵烧笋饷⑤春耕。

〔注释〕

①东风：春风。②絮帽：棉帽。③钲（zhēng）：乐器名。军中使用，形似铃而狭长有柄。④西崦（yān）：西山。崦，山。⑤饷：给在田间耕作的人送饭。

〔译文〕

春风知道我要去山里行走，吹停了屋檐下面滴答的雨。

浮云给山岭戴了一顶棉帽，初升的太阳像铜钲，挂在枝头。

矮竹篱旁野桃花含笑绽放，清澈的沙溪边柳条迎风飞舞。

生活在西山一带的人应该是最快乐的，煮葵烧笋，给春耕的人送饭吃。

〔解读〕

　　山村雨后景色宜人，诗人心情大好。在他看来，眼前景物也充满了欢乐和生机。野桃像人一样"含笑"，"溪柳"摇摆起舞，十分快活自在。桃花、竹篱、杨柳、溪流，还有那正在地里耕作的农民，有景有人，有红有绿，动静结合，构成静谧和谐的农村春景图。

　　诗人想象的"西崦人家"，过着春种秋收，日出而作、日落而归，自给自足的生活，此处实在是世外桃源。西崦人家忙于春耕，凸显崇尚劳动的风尚。诗中景致和人物的描写是作者当时欢快心情的反映，也表现了他热爱劳动、热爱劳动人民的朴素的劳动情怀。

（乐焰萍）

72

无锡道中赋水车

[宋] 苏轼

翻翻联联衔尾鸦,荦荦确确①蜕骨蛇。
分畴翠浪走云阵,刺水绿针抽稻芽。
洞庭②五月欲飞沙,鼍③鸣窟中如打衙④。
天翁不见老翁泣,唤取阿香⑤推雷车。

〔注释〕

①荦(luò)荦确确:形容骨节突露瘦硬。②洞庭:指太湖中的洞庭山。③鼍(tuó):扬子鳄。④打衙:打鼓。⑤阿香:古代神话传说中推雷车的女神。

〔译文〕

水车的刮板在翻动,恰如一串衔尾飞翔的乌鸦;水车不动时,又像大蛇蜕皮后骨节突露的模样。

车起的阵阵水流在田畴间、在翠绿的稻苗下欢快地流淌;稻苗抽出的嫩芽如绿针一般立在田中央。

五月的洞庭山下，干旱严重，沙土飞扬；扬子鳄在窟中大声鸣叫，如同衙门里鸣冤击鼓的声音一样响亮。

天公看不见正在哭泣的老翁，他正叫阿香推来雷车。

〔解读〕

这是一首咏物诗，咏叹精巧的水车，也体现诗人对充满劳动智慧、与自然条件抗争的劳动人民的赞美。第一、二句用比喻的修辞摹写水车：动如衔尾之乌鸦，静如蜕骨之蛇。一动一静，形象传神，相得益彰。第三、四句正侧描写结合，写水车的功用：车水灌田，稻苗翠绿如针，长势喜人。第五、六句用夸张的手法，描写干旱情景，为下文张本。第七、八句用反衬的手法，突出水车的价值，歌颂人能胜天的智慧和伟力。

只有心系民生、具有人民情怀的诗人，才懂得"赤日炎炎似火烧，野田禾稻半枯焦。农夫心内如汤煮"，才知晓水车之于农民的价值，才会歌颂人民的创造力。只有生活的勇士，才会直面身边战天斗地的场景，歌颂生活中不屈奋斗的英雄。纵观苏轼的一生，他又何尝不是那个哭泣的老翁呢？

（张兴旺　盛强）

73

秧马歌

[宋] 苏轼

春云蒙蒙雨凄凄,春秧欲老翠剡①齐。
嗟我妇子行水泥,朝分一垄暮千畦。
腰如箜篌②首啄鸡,筋烦骨殆③声酸嘶。
我有铜马手自提,头尻轩昂腹胁低。
背如覆瓦去角圭,以我两足为四蹄。
耸踊滑汰如凫鹥④,纤纤束藁亦可赍⑤;
何用繁缨⑥与月题⑦,却⑧从畦东走畦西。
山城欲闭闻鼓鼙⑨,忽作的卢跃檀溪⑩。
归来挂壁从高栖,了无刍秣饥不啼。
少壮骑汝逮老黧,何曾蹶轶防颠隮。
锦鞯公子朝金闺,笑我一生蹋半犁,
不知自有木驲骎⑪。

〔注释〕

①翠剡(yǎn):指青翠的稻苗。②箜(kōng)篌(hóu):拨弦乐器

名,似瑟而小。③殆:同"怠",懈怠,这里指累得不想动弹了。④凫(fú)鹥(yī):野鸭和鸥鸟,泛指水鸟。⑤赍(jī):怀抱。⑥鞶缨:即"樊(pán)缨",古代天子、诸侯络马的带饰。樊同"鞶",马腹革带。缨,马颈革带。⑦月题:指马络头,其形似月。⑧鼙(pí):一种军用小鼓,这里指秧鼓。⑨的卢跃檀溪:借刘备跃马檀溪的典故,比喻秧马如的卢马,跨越沟渠腾跃如飞。⑩駃(jué)騠(tí):一种良马之名,这里用"木駃騠"指秧马。

〔译文〕

春天,云蒙蒙雨凄凄,秧苗已长大,翠绿又整齐。

叹我妻儿在泥水中行走,一天下来,要插上千畦秧田。

腰弯得像筃箧,头低得像鸡啄米;浑身筋骨劳累疲惫,呻吟声里满是酸痛。

我手上提着桐木做的秧马,它头尾高昂,腹部低。

背部弯弯如翻过来的瓦片,光滑得像去了棱角的圭玉;我骑在上面,双脚着地,如同骑在马背上。

在水田里耸动、跃起、滑行,如水鸟一样轻快自在,纤细的束束藁草也可携带。

不用缰绳和络头,也能从东边水田跑到西边水田。

城门快要关上了,秧鼓声响起来了,秧马忽地跃过了沟渠,像的卢马跃檀溪一样。

回家后将秧马高高地挂在墙壁上,它一点儿草料也不吃,不会饿也不会叫。

从少年骑你到老年,我从没有受到惊吓而从你背上跌下来。

骑着宝马出入朝门的公子,笑我一辈子驾牛犁田,却不知我有一只木头做的駃騠。

〔解读〕

这首咏物诗,咏叹的是农民的发明——秧马,插秧时用的一种农具。

诗人作此诗时已 59 岁，正在贬谪途中，但他忘却了自己的坎坷不幸，依然心系百姓，实在令人钦佩。诗的前六句为第一层，描写农人辛苦拔秧之场面，为秧马出场张本。紧承的四句为第二层，描写秧马的轻巧与其形状，以静态描写为主。从"耸踊"至"檀溪"的六句为第三层，描写秧马的动态与功效，动感十足，画面感极强。语言生动，比喻俏皮，夸张形象，令人忍俊不禁，拍手叫绝。正如清代文学家纪昀所评，此诗"奇器以奇语写之，笔笔欲活"！"归来"以下四句为第四层，写秧马"下班"回家后的状态。这是写秧马功成身退后的生活，当属尾声，看似闲笔却见幽默与风趣，秧马的好处再次显现。最后三句，以农家的秧马与公子的宝马做对比，诗人心中是满足、自豪与嘲讽、不屑。唯有苏轼，才能给我们留下这般不朽的诗篇，才能让我们享受到如此美妙的精神盛宴。苏轼当不朽！

（张兴旺　阮芳）

74

浣溪沙五首·其三

[宋] 苏轼

徐州石潭①谢雨,道上作五首。潭在城东二十里,常与泗水增减清浊相应。

麻叶层层檾②叶光,谁家煮茧一村香?
隔篱娇语络丝娘③。

垂白④杖藜⑤抬醉眼,捋⑥青⑦捣麨⑧软饥肠。
问言豆叶几时黄?

〔注释〕

①石潭:在徐州城东二十里。这组词是作者任徐州太守时求雨后到石潭谢雨的路途中所作,共五首,主要写作者途中的所见、所闻与所感。这首词为其中的第三首。②檾(qǐng):苘麻,一种植物,通称青麻。③络丝娘:缫丝的妇女。④垂白:指老年人。⑤杖藜(lí):拄着藜茎制成的手杖。

藜，植物名，此处指以藜茎制成的手杖。⑥捋：以手握物，向一端顺势摘取。⑦青：指新麦。⑧麨（chǎo）：米麦炒熟后磨粉制成的干粮。

〔译文〕

　　繁密的麻叶、檾叶泛着光亮，谁家煮茧的香气弥漫到整个村庄？隔着篱笆听到缫丝女子们的说笑声。

　　须发半白的田家老翁拄着手杖，眼睛微眯像喝醉了一般，捋下刚收的麦粒，炒熟后磨成粉末，制成干粮来充饥。我问老翁："老伯，豆叶什么时候变黄？"

〔解读〕

　　上片第一句写麻叶，使用了互文手法，也交代了初夏的节令，麻叶、檾叶都长于初夏。"叶光"表明叶子光亮，必定是雨后，呼应小序中"谢雨"。苏轼善于发现，从光亮的麻叶起笔，再写茧香，从视觉到嗅觉，侧面写出了全村都忙于煮茧抽丝的丰收。最后一句写听觉，人们忙于丰收。只能隔着篱笆听到缫丝女子快乐的娇语。雨后的村庄充满希望。

　　下片，苏轼的目光聚焦在一位拄杖的白发老翁身上，从外貌来看，老翁年事已高，行走依靠拐杖，他摘下新收的麦粒（还来不及脱粒），马上将其炒制成干粮果腹。通过写老翁连贯的急于取食的动作，表现了他的饥饿程度，继而我们能够想到全村人的粮食肯定也非常紧缺，这肯定是春旱导致的粮食匮乏。苏轼担忧百姓的生活，问话"豆叶几时黄"。

　　苏轼是位爱民如子的父母官，虽被贬徐州，却没有牢骚，而是切实地关怀着百姓。

（袁玉辉）

75

钱塘六井记

[宋] 苏轼

　　潮水避钱塘而东击西陵，所从来远矣。沮洳①斥卤②，化为桑麻之区，而久乃为城邑聚落。凡今州之平陆，皆江之故地，其水苦恶，惟负山凿井，乃得甘泉，而所及不广。唐宰相李公长源始作六井，引西湖水以足民用。其后刺史白公乐天治湖浚井，刻石湖上，至于今赖之。始长源六井，其最大者在清湖中，为相国井，其西为西井，少西而北为金牛池，又北而西附城为方井，为白龟池，又北而东至钱塘县治之南，为小方井。而金牛之废久矣。嘉祐中，太守沈公文通又于六井之南，绝河而东至美俗坊为南井。出涌金门，并湖而北，有水闸三，注以石沟，贯城而东者，南井、相国、方井之所从出也。若西井，则相国之派别③者也。而白龟池、小方井，皆为匿沟湖底，无所用闸。此六井之大略也。

　　熙宁五年秋，太守陈公述古始至，问民之所病。皆曰："六井不治，民不给于水。南井沟庳④而井高，水行地中，率常不应。"公曰："嘻，甚矣！吾在此，可使民求水而不得乎？"乃命僧仲文、子珪办其事。仲文、子珪又引其徒如正、思坦以自助，凡出力以佐官者二十余人。于是发沟易甃⑤，完缉罅漏⑥，而相国之水大至，坎满溢流，南注于河，千艘更载，瞬息百斛。以方井为近于浊恶而迁之少西，不能五步，而得其故基。父老惊曰："此古方井也。民李甲迁之于此，六十年矣。"疏涌金池为上中下，使浣衣浴马不及于上池。而列二闸于门外，其一赴三池而决之河，其一纳之石槛，比竹为五管以出之，并河而东，绝三桥以入于石沟，注于南井。水之所从来高，则南井常厌水矣。凡为水闸四，皆垣墙扃鐍以护之。

明年春，六井毕修，而岁适大旱，自江淮至浙右井皆竭，民至以罂缶贮水，相饷如酒醴。而钱塘之民肩足所任，舟楫所及，南出龙山，北至长河盐官海上，皆以饮牛马、给沐浴。方是时，汲者皆诵佛以祝公。余以为水者，人之所甚急，而旱至于井竭，非岁之所常有也。以其不常有，而忽其所甚急，此天下之通患也，岂独水哉？故详其语以告后之人，使虽至于久远废坏而犹有考也。

〔注释〕

①沮（jù）洳（rù）：低湿的地方。②斥卤：盐碱地。③派别：江河的支流。④庳（bì）：低下，低矮。⑤甃（zhòu）：用砖砌成的井壁。⑥罅（xià）漏：缝隙，漏洞。

〔译文〕

钱塘江的潮水离开钱塘向东冲向西陵，从远处涌来。它使低洼潮湿的盐碱地，变成了种植桑麻的地方，时间一长，渐渐发展为人口聚居的城镇。今天州县的所有平坦陆地，都是钱塘江的故地。这里的水又苦涩又恶臭，只有靠挖山凿井，才能得到甘甜的泉水，可是泉水供给的范围又不够广泛。唐朝的宰相李长源最先开凿六口井，引来西湖的水，满足百姓的用水需求。

后来，刺史白居易治理西湖，疏浚水井，并且在西湖边上刻碑题字，直到如今，人们还依靠这些井生活。当初李长源开凿的六口井，其中最大的在清湖，叫相国井，相国井的西边是西井，西井偏西而向北的叫作金牛池，又向西北而靠近钱塘城的分别是方井和白龟池，东北到钱塘县治之南的叫小方井。不过，金牛池已经废弃很久了。嘉祐年间，太守沈文通又在六井的南面，越过河流往东，到美俗坊的地方开凿了南井。水流出了涌金门，汇入湖中向北流去，上有三道水闸，水流注入石砌的水沟，穿城向东流去，南井、相国井、方井中的水都从这里来。至于西井中的水，则是相国井的支流。而白龟池、小方井，都建造了湖底暗沟，不用水闸。这就是六口井的大致情况。

熙宁五年秋天，太守陈述古刚到这里，询问百姓有什么困扰。百姓都说："六口井不修治好，老百姓就没有水用。南井沟渠低矮而井高，水在地底下流淌，大抵通常供应不过来。"陈公说："唉，说得太过了！我在这儿，能让百姓没有水用吗？"于是命僧人仲文、子珪办理此事。仲文、子珪又让他们的徒弟如正、思坦作为助手，出力帮助官府的有二十多人。于是打开沟渠，更换井壁，修补漏洞，于是相国井的水滔滔而来，沟里的水都溢了出来，向南注入漕河，上千艘船只轮流来取水，瞬息之间就可以灌满百斛。由于方井水质浊恶，陈公把它移到原址的西面，在不到五步远的地方，竟发现了它的故基。当地父老惊奇地说："这就是以前的方井啊，平民李甲把它迁到这里，已经六十年了。"还疏浚涌金池，将它分为上、中、下三个部分，让洗衣浴马这样的事不在卜池发生。并且在上池的门外设置两道闸门，其中一道闸门控制的水流经三池后注入河道，另一道闸门设在石围栏里，并列摆放五根竹管作为水管来引出池水，池水汇入河中向东流去，经过三桥然后流入石沟，进而注入南井。由于水从高处来，所以南井的水经常溢出。一共建造四个水闸，都砌墙做门上锁来保护它。

第二年春天，六口井全部修理完毕，正好赶上干旱之年，从江淮到浙右各地的水井都干涸了，老百姓到了用瓦罐装水，奉如美酒相互赠送的地步，而钱塘百姓的运输出行、通舟行船，南出龙山，北到长河，直至盐官海边，都有丰足的水供牛马饮用，供人们洗漱。在这个时候，打水的人都诵念佛经以求菩萨保佑陈公。我认为水是人们急需的，干旱以致井水干涸，并非年年会发生。因为隐患不常有，而忽视了它是人们的急需之物，这是天下人的通病，难道只是对水如此吗？因此，我把这些情况详细地记录下来告诉后人，即使这些井由于年代久远而废置、损坏，后人还能够参考我的文章。

〔解读〕

　　大文豪苏轼在文学艺术上的成就可谓家喻户晓，而他在水利事业上的贡献同样令人赞叹。2019年，中华人民共和国水利部公布第一批"历史治水名人"共十二位，苏轼就位列其中。苏轼担任凤翔府判官期间，疏浚扩建东湖，三番五次为民祈雨，天降甘霖，百姓欢呼，苏轼为纪念此事，把后花园的亭子命名为"喜雨亭"，并作千古名篇《喜雨亭记》；任杭州通判时，协助太守陈述古疏浚钱塘六井，让杭州百姓免遭北宋东南大部分地区的水旱灾害波及，甚是欣慰，乃作《钱塘六井记》；公元1077年，黄河决堤，水围徐州城四十五天，苏轼亲率军民抗洪，徐州得以保全；第二年，为防洪水再至，苏轼组织徐州百姓改筑外城；任杭州太守期间，再次整治钱塘六井，解决杭州居民用水问题，同时率领军民大力疏浚西湖，并用挖出来的淤泥、水草筑成一条连通西湖南北两岸的长堤，后人称之"苏堤"。苏轼一生主持或参与的水利工程很多，并留下了很多与兴修水利相关的文章，《钱塘六井记》就是其中的一篇。当然，他写此文的用意，除了"详其语"供后人维护钱塘六井、做参考之用外，至少还有两点：一是记述钱塘六井兴废史，警示后人莫忘兴修水利，造福人民；二是缘"钱塘六井"之事说理，借"钱塘六井"之题发挥，告诫后人要未雨绸缪，防患于未然。

（张兴旺　方冬明）

76

种松法

[宋] 苏轼

 十月以后,冬至以前,松实结熟而未落,折取,并萼①收之竹器中,悬之风道。未熟则不生,过熟则随风飞去。至春初,敲取其实,以大铁锤入荒茅地中数寸,置数粒其中,得春雨自生。自采实至种,皆以不犯手气为佳。松性至坚悍,然始生脆弱,多畏日②与牛羊,故须荒茅地,以茅阴障日。若白地③,当杂大麦数十粒种之,赖④麦阴乃活。须护以棘,日使人行视,三五年乃成。五年之后,乃可洗⑤其下枝使高;七年之后,乃可去其细密者使大。大略⑥如此。

〔注释〕

 ①萼(è):环列花朵外部的叶状或花瓣状薄片,一般呈绿色,在花芽期起保护作用。②日:太阳。③白地:空地。④赖:依靠,凭借。⑤洗:指像用水洗净一样将杂枝剪除干净。⑥大略:大概。

〔译文〕

 十月以后,冬至以前,在松果成熟还未落下的时候将其摘下,连萼一起收藏在竹器中，悬挂在通风处。果实没有成熟，就不会发芽生长；果实熟透了，就会随风飞去。到了第二年初春，敲取出其中的果实，用大铁锤插入荒茅地形成几寸深的孔穴，放入几粒松籽，得到春雨滋润后，松籽自然就会生长。从采集果实到下种，最好都不要用手直接接触。松树很坚硬，但刚生长的松苗脆弱，很怕阳光和牛羊，因此必须种在荒茅地中，以茅草遮住阳光。如果在空地上播种，则应当夹杂着种几十粒大麦，依靠大麦苗的荫蔽，松苗才能成活。松苗必须用荆棘围护，每天派人去看视，三五年才能长成。五年以后，就可以削去下边的杂枝，使松树长高；七年以后，就可以砍去细小过密的松树，使其余的松树长得粗大。（种植松树的方法）大致是这样的。

〔解读〕

如何栽种松树？苏轼在这篇文章中总结了方法，为我们提供了一则极为珍贵的资料。第一是采种。采种的最佳时节是十月以后，冬至以前，因为这时松籽熟而未落。松籽如果不成熟便采集，则难以发芽生长；如果太过成熟，松籽已随风飘走而采集不到。第二是播种。播种的最佳时节为初春；播种方法是用一根大铁锤在地上戳出几寸深的小洞，在每个洞中投几粒松籽；播种的最佳地点是荒茅地。第三是养护。用荆棘将松苗保护起来，并且每天巡视，以防牛羊践踏伤害。第四是剪枝。五年后，可以将低处杂枝去除干净，以便松树往高处生长。第五是间除。七年后，将松林间过密处的细小的松树除去，留下粗壮的松树，使其更快生长。

苏轼为何能通晓栽松之术？据传说，苏轼小时候与小伙伴玩耍，毁坏了小树苗，母亲程氏教育他"毁树容易栽树难"。苏轼知错了，并答应从今以后年年月月栽树，不栽满一万棵不罢休。苏轼说到做到，在他的一生中，他拄着竹杖、穿着芒鞋种下了数万株松树，从房前屋后栽到短松冈，从眉州栽到杭州、黄州、儋州，从少年栽到晚年。多年的种松经历使他掌握了丰富的种松技术，他总结的种松方法被人称为"东坡种松法"。

（张兴旺）

77

与子由弟①（其七·惠州）

[宋] 苏轼

惠州市井寥落②，然犹日杀一羊，不敢与仕者③争。买时，嘱屠者买其脊骨耳。骨间亦有微肉，熟煮热漉④出。不乘热出，则抱水不干。渍酒中，点薄盐炙⑤微燋⑥食之。终日抉剔，得铢两⑦于肯綮⑧之间，意甚喜之，如食蟹螯。率数日辄一食，甚觉有补。子由三年食堂庖，所食刍豢⑨，没齿⑩而不得骨，岂复知此味乎？戏书此纸遗之，虽戏语，实可施用也。然此说行，则众狗不悦矣！

〔注释〕

①子由弟：苏轼的弟弟苏辙，字子由。②寥落：萧条冷清。③仕者：官宦之家。④漉：滤干。⑤炙：烤。⑥燋：同"焦"。⑦铢两：指重量极轻的肉。⑧肯綮：筋骨结合的地方。⑨刍豢：泛指牛、羊、犬、豕之类的家畜。⑩没齿：终身。

〔译文〕

惠州的市场萧条冷清，但每天仍杀一头羊，我不敢与官宦人家相争，购买时，嘱咐屠夫只买羊的脊骨。骨头之间也有很少的肉，煮熟之后趁热捞出滤干。如果不趁热捞出，肉就会含水不干。将羊脊骨在酒中浸泡后，捞出并撒上一点盐，用文火烤后食用。整日挑剔，在筋骨之间剔出一点点肉，心里就觉得十分欢喜，好像吃蟹螯一般。大概几天吃一次，觉得很能进补。你长期吃官家的饭，吃的是牛羊犬豕之类的家畜的肉，一辈子也吃不到骨头，怎么能知道这种美味呢？戏作此信寄给你，虽然说的是玩笑话，其实你也可以照着做。然而如果这种吃法盛行，恐怕狗们就要不高兴了！

〔解读〕

　　你也许吃过东坡肉、东坡饼、东坡羹、东坡豆腐，喝过东坡酒，戴过东坡帽，但你可能没吃过东坡羊脊骨。不妨按东坡先生所教之法一试：将羊脊骨熟煮，趁热捞出滤干，再将羊脊骨浸泡在酒中，捞出后撒点盐，文火烤至焦黄，剔食。东坡先生吃的不是羊脊骨，是积极乐观的心境！吃着只有一点儿肉的羊脊骨，依然保持着乐观旷达的心境，这种生活态度或许只有坡公才能真正拥有。而能真正读懂这种苦中作乐的生活态度的人，可能已非少年。坡公的散文如他的诗词一样具有禅意，蕴含哲理。此文不只是与弟弟子由分享羊脊骨的美味，亦是与弟弟分享自己"与狗争食"而觉爽，"处涸辙以犹欢"的人生态度。坡公的处世哲学、生活情趣，与弟弟的手足情深，由此文可见一斑。

（张兴旺）

78

文氏外孙入村收麦

［宋］苏辙

欲收新麦继陈谷，赖有诸孙①替老人。
三夜阴霪②败场圃，一竿③晴日舞比邻。
急炊大饼偿饥乏，多博④村酤⑤劳苦辛。
闭廪⑥归来真了事，赋诗怜汝足精神。

〔注释〕

①诸孙：众孙辈。②霪（yín）：下了很长时间的雨。③一竿：指太阳升起的高度。④博：讨取，换取。⑤村酤（gū）：农家自酿的酒。酤，酒。⑥廪：粮仓。

〔译文〕

该收割新熟的麦子接继陈谷了，幸好有孙辈前来帮助我收割。

连续下了几个晚上的雨，浸坏了麦场。雨后天晴，初升的太阳令乡邻欢欣鼓舞。

我赶紧烙了大饼，拿来农家自酿的酒来慰劳辛苦的外孙。

麦收结束，关闭粮仓，事情总算忙完了。回到家里，我作诗抚慰辛勤收割的外孙，赞扬外孙不辞劳苦的精神。

〔解读〕

这首诗表现了诗人在农村劳作和收获的快乐。首联交代了事情的起因、人物，文氏外孙为了帮助诗人收麦来到这里。颔联写收麦过程中突遇阴雨天气，连绵阴雨时人们心情沮丧，雨过天晴后人们又无比欢欣，此联运用对比手法，写出了人们对晴好天气的期盼。在这样晴好的天气中，我们仿佛看到了人们兴高采烈地走向田间，挥镰割麦的热闹场面。颈联没有描写具体的劳动场面，而是通过家人忙着做饭、送酒来侧面表现劳动的辛劳，表达诗人对外孙的感激之情。尾联写劳动结束后的感叹，表示要写诗赞扬外孙，语言风趣，充满喜悦。诗歌表现了人们在丰收后的喜悦之情。

（乐晓岚）

79

劳歌①

[宋] 张耒

暑天三月②元无雨,云头不合③惟飞土。
深堂无人午睡余,欲动身先汗如雨。
忽怜长街负重民,筋骸④长彀⑤十石⑥弩。
半衲⑦遮背是生涯,以力受金⑧饱儿女。
人家牛马系高木,惟恐牛驱犯⑨炎酷。
天工⑩作民⑪良久艰,谁知不如牛马福。

〔注释〕

①劳歌:乐府旧题,见《乐府诗集·杂歌谣辞》。②暑天三月:指夏季的三个月,即农历四月、五月、六月。③合:闭,收拢。④骸:骨头。⑤彀(gòu):拉满弓。⑥石(dàn):古代的重量单位,一百二十斤为一石。十石,极言费力之大。⑦衲:缝补,这里指缝补过的破衣服。⑧以力受金:指做苦力挣钱。⑨犯:遭遇。⑩天工:即天公,指造物者。⑪作民:创造人类。

〔译文〕

夏季的三个月都没有下雨，只能看见飞扬的尘土，看不见云阴覆盖。

原本想在清静的厅堂午睡一会儿，结果一动就汗如雨下。

突然想到街上的苦工的悲惨，他们瘦骨嶙峋，背上还压着千余斤的重物。

一辈子都穿缝补过的破衣服，为了养活儿女只能卖苦力挣钱。

有钱人家将牛马系在树荫下歇息，还害怕牛马遭受炎热之苦。

老天造人很不容易，谁知道人还不如牛马有福气。

〔解读〕

本诗主要写劳工出卖苦力的艰难生活。前面四句写的是酷暑天热，又久旱无雨，尘土飞扬，人们挥汗如雨。中间四句说"负重民"顶着烈日，背着重物奔走街头，靠出卖劳动力来支撑家庭。后面四句用富人家的牛马与劳工进行对比，牛马可以在树下避暑乘凉，劳工却没有这样的福气。诗歌取材于现实生活，语言质朴，字里行间透露着诗人对普通劳工的同情和怜悯。

（乐焰萍）

80

插秧歌

[宋] 郑樵

漠漠①兮水田，
袅袅②兮轻烟。
布谷啼兮人比肩，
纵横兮陌阡③。

〔注释〕

①漠漠：广阔无际的样子。②袅袅：烟气冉冉上升的样子。③陌阡：田间的小路。

〔译文〕

水田广阔平坦，轻烟袅袅升起。

布谷鸟啼叫着，人们肩挨着肩一起劳作，田间的小路纵横交错。

〔解读〕

这是一首描写农民在田间劳作的诗。诗人通过白描手法描写了广阔的水田、袅袅升起的轻烟、布谷鸟的啼叫声、并肩劳作的农民、纵横交错的田间小路，写出了清新、明丽的农村风光。诗中，第一、二句描写水田与轻烟的静，衬托出第三句"布谷啼"和"人比肩"劳作的动，形象生动地描写出农民劳作的场景。

（肖月涵）

81

观插秧

[宋] 葛立方

秧把束西畦①，东畦翠剡②齐。
甘心鹤俛③啄，不用马行泥。
井井④塍⑤千曲，泱泱⑥水半犁。
黄云它日事，欢喜舞龆龀⑦。

〔注释〕

①畦（qí）：田间划分的小区。②翠剡：指青翠的稻苗。③俛（miǎn）：俯，低头。④井井：形容整齐有条理。⑤塍（chéng）：田埂。⑥泱泱：水深广貌。⑦龆（tiáo）龀（ní）：老人和小孩。龆，小孩换牙，引申为小孩。龀，老人再生的小齿，引申为长寿之人。

〔译文〕

将秧苗束在一起放在西畦，东畦的稻苗长得十分整齐。
甘心像鹤一样低头啄食，也不用马在泥地里行走。

田间的土埂整齐有序地排列着,田中的水又深又广,犁有一半没在水中。

黄昏时分准备明日再耕作,老人和小孩都开心地跳起舞。

〔解读〕

这首诗的首联写农民在农田里忙碌,插秧时像鹤一样低着头,将农民劳动的不易表现出来。诗的颈联以"井井"和"泱泱"两个叠词,使农忙抢种后农田整齐、有条理的画面跃然纸上。尾联以老人和小孩愉悦的情态,生动形象地表现了农民忙碌一天即将归家的喜悦之情。

诗人以春季插秧时,农民将水稻秧苗从秧田移栽到稻田里的场景,表现了农民农忙抢种时的辛苦忙碌,赞扬了质朴勤劳的民风。本诗语言平实清丽,巧妙运用叠词,角度新颖。

(郑格格)

82

横溪堂①春晓②

[宋] 虞似良

一把青秧③趁手④青,
轻烟⑤漠漠⑥雨冥冥⑦。
东风染尽⑧三千顷⑨,
白鹭⑩飞来无处停。

〔注释〕

①横溪堂：作者居住之处，旧址在今浙江天台山附近。②春晓：春天的早晨。③青秧：绿色的秧苗。④趁手：顺手，随手。⑤轻烟：淡淡的烟雾。⑥漠漠：烟雾弥漫无边的样子。⑦冥冥：阴沉的样子。⑧染尽：这里形容东风把田里的稻苗全吹绿了，好像用绿色染过。⑨三千顷：虚指，形容稻田面积广阔。⑩白鹭：水鸟名，羽毛雪白，春夏多活动于湖沼岸边或水田中，主食小鱼等水生动物。

〔译文〕

将一把把嫩绿的秧苗顺手插入田中，烟雾弥漫，天色阴沉，快下雨了。

春风轻拂,吹绿了广阔的稻田。白鹭飞来,望着无边的稻田,竟然找不到落脚的地方。

〔解读〕

读这首诗,让人想到丰子恺的画《杨柳岸晓风残月》。劳动人民最辛劳,劳动人民也最可爱;劳动改变了生活,也改变了世界。人勤春早,何惧烟雨迷蒙?秧苗把把,顷刻间,染绿稻田千顷!春风吹拂,滋长了万物,在这大好时节,当顺应天时,辛勤劳作,方能孕育丰收。

(吴继尧　阮寿雄)

83

夏四月渴雨恐害布种代乡邻作插秧歌

［宋］陆游

浸种^①二月初，插秧四月中。
小舟载秧把，往来疾於鸿。
吴盐^②雪花白，村酒粥面浓。
长歌相赠答，宛转含豳风^③。
日莫^④飞桨归，小市鼓冬冬^⑤。
起居问尊老，勤俭教儿童。
何人采此谣，为我告相公^⑥。
不必赐民租，但愿常年丰。

〔注释〕

①浸种：播种前将作物或树木种子浸于水中，经一定时间（须经常换水）使其吸收足够的水分，以利快速、整齐发芽的种子处理方法。②吴盐：指古时江淮一带所晒制的散末盐。此盐味淡而颜色雪白。③豳（bīn）风：

《诗经》十五国风之一。④莫（mù）：暮，日落的时候。⑤冬冬：象声词，形容鼓声。⑥相公：宰相。

〔译文〕

　　二月初将种子浸泡在水中，四月中旬就开始插秧了。
　　用小船装着秧苗来回插秧，疾行时比大雁还快。
　　吴盐像雪一样白净，村中酒香四溢，粥熬得浓稠。
　　村民唱起歌谣赠答友人，歌声婉转悠扬。
　　太阳落山之时划着小船回来，小市上传来击鼓的咚咚声。
　　人们日常起居时不仅关怀尊长，还教导儿童勤俭节约。
　　是什么人在收集歌谣？为我转告宰相大人：
　　不必赏赐田赋，只盼望每年都是丰收年。

〔解读〕

　　陆游身处于北宋衰亡之际，自幼受家庭影响，具有强烈的爱国之情，关注民生疾苦。本诗聚焦于劳动者，语言平实易懂。诗歌开头两联介绍了农民二月提前浸种，四月紧张插秧；接着第三、四联以吴盐、美酒、粥、长歌等，表现了村民热情款待来客；诗的第五、六联，展现了村民的勤劳、往来劳作途中的热闹，以及日常起居时对老人的关怀、对孩童的谆谆教导，是一幅淳朴的乡间风景画。

　　本诗运用比喻、夸张、摹拟等修辞，展现了邻里和睦、敬老爱幼的淳朴民风，洋溢着对劳动者辛勤劳作精神的赞美之情。

（郑格格）

84

四时田园杂兴·其二十五

[宋] 范成大

梅子①金黄杏子肥②,
麦花雪白菜花稀。
日长篱落③无人过,
惟有蜻蜓蛱蝶④飞。

〔注释〕

①梅子：梅树的果实。②肥：指果肉肥厚。③篱落：篱笆。④蛱(jiá)蝶：蝴蝶。

〔译文〕

梅子变成金黄色，杏子也成熟了，果肉十分肥厚。麦花雪白，菜花却只有几束。

夏天到来，白天变长，篱笆边无人经过，只有蜻蜓和蝴蝶在飞舞。

〔解读〕

诗中将梅子、杏子、麦花、菜花、蜻蜓、蛱蝶等夏日常见的景物巧妙组合起来，用它们构成一幅色彩绚丽的田园风景图。夏日悠长，篱笆边为何无人经过？原来人们都忙着劳作去了。而在篱笆边翩翩飞的蜻蜓和蝴蝶们却为寂静无人的夏日田园图增添了勃勃生机。这首诗虽然未描写人，我们却可以想象劳动人民日出而作日落而息的劳动景象，体会到劳动的美好。

（肖月涵）

85

四时田园杂兴·其三十一

［宋］范成大

昼出耘①田夜绩麻②，
村庄儿女各当家③。
童孙未解④供⑤耕织，
也傍⑥桑阴学种瓜。

〔注释〕

①耘：除草。②绩麻：把麻纤维搓成线。③各当家：指每人担任一部分的工作。④未解：不懂。⑤供：任职，此处指从事、参加。⑥傍：靠近，临近。

〔译文〕

白天外出锄草，晚上将麻一点点地搓成线，村庄的男女老少都在忙碌。孩童们还不懂得如何耕地、织布，也都在桑树下学着种瓜了。

〔解读〕

这首诗写出了农人们辛勤劳作的生活场景。白天在田间锄草，夜晚就在家里搓麻线,男女老少都在忙碌着。"耘田"即除草,初夏,水稻田里秧苗需要除草了,这是男人们干的活。"绩麻"是指妇女们将麻搓成线,好织成布。男耕女织,分工明确,连不懂耕织的小孩也在"学种瓜",大家都充实且快乐地忙碌着。诗歌运用白描的手法直接写劳动场面,写出农村中常见的画面,却颇具特色,风格轻快自然,字里行间流露出诗人对农家人辛勤劳作的赞美之情。

(廖丹)

86

四时田园杂兴·其四十四

［宋］范成大

新筑场泥镜面平，
家家打稻趁霜晴^①。
笑歌声里轻雷动，
一夜连枷^②响到明。

〔注释〕

①霜晴：指霜后的晴天。②连枷：一种农具，由一个长柄和一组平排的竹条或木条构成，用来拍打谷物，使籽粒掉下来。也作槤枷。

〔译文〕

新造的场院地面平坦得像镜子一样，家家户户趁着霜后的晴天打稻子。
农民在场院里欢笑着、歌唱着，声音如轻雷鸣响。他们整夜挥舞连枷打稻子，那响声一直持续到天明。

〔解读〕

这首诗写的是秋天收获后，农家打谷子的场景。古时稻子收割完成后，还需要人工将稻粒从稻茎上打下来。在像镜面一样平坦的场院里，农民们一边劳动一边歌唱，直到天明。这既是劳动的旋律，又是丰收的欢歌。诗人用质朴、清新的语言绘制了一幅生动形象的秋日农作图。

（邓娜娜）

87

田舍

[宋]范成大

呼唤携锄至，安排筑圃①忙。
儿童眠落叶，鸟雀噪斜阳。
烟火村声远，林菁②野气香。
乐哉今岁事，天末③稻云黄。

〔注释〕

①圃：指打谷场。②菁（jīng）：泛指花。③天末：天边。这里是指稻田一望无际。

〔译文〕

大家相互呼唤，扛着锄头走出村庄，忙着修筑打谷场。

小孩子们躺在落叶堆里玩耍，斜阳里一群群鸟雀叫个不停。

村中远远传来阵阵笑语，炊烟袅袅，田野上的树木与花散发着迷人的芳香。

今年的事真令人高兴，一望无际的稻田已是一片丰收景象！

〔解读〕

　　这是一首写农家生活的诗,重点描绘了秋收前的村中景象。本诗以欢快热闹的画面开始,着重写欢快的儿童、闹喳喳的鸟雀、生机勃勃的村庄,以看似毫无关联的情景从侧面点染出今岁的丰收,烘托了人们忙于秋收的喜悦。

（邓娜娜）

88

插秧

[宋] 范成大

种密移疏绿毯平，
行间清浅縠纹①生。
谁知细细青青草，
中有丰年击壤②声！

〔注释〕

①縠（hú）纹：本指绉纱的纹路，此处形容水面上微风吹起的小波纹。縠，薄且轻的细帛。②击壤：中国古代投掷游戏。详见第3页注释①。

〔译文〕

将种得密密的秧苗疏朗地移栽在田间，仿佛铺上了一层平坦的绿毯，新插好成行秧苗的水田中，显露出细微的波浪。

有谁知道这些细细的青苗中，有着丰收之年太平盛世的击壤声！

〔解读〕

本诗描绘出一幅江南劳动人民在田间插秧的繁忙劳动场景。诗中运用了比喻的修辞，形容新插的秧苗在微风中摇曳，整块水田如绿色的毯子。同时借用击壤的典故期盼太平盛世，表现了农民渴望获得丰收的美好心愿。

（肖月涵）

89

农家六言

[宋] 杨万里

插秧已盖田面①，
疏苗犹逗水光②。
白鸥飞处极浦③，
黄犊④归时夕阳。

〔注释〕

①田面：田地的表土。②水光：指水面反射的光。③极浦：遥远的水滨。④黄犊：牛犊。

〔译文〕

水稻秧苗从秧田移栽到稻田里，已经覆盖了田面。疏落的秧苗间还泛着点点水光。

远处的水滨上有一群白鸥展翅高飞，夕阳西下，牛犊正朝着家的方向走去。

〔解读〕

这首诗描绘了一幅清丽疏淡的春日乡村夕照图。田中翠绿的秧苗、秧苗间粼粼的水光、远处水滨高飞的白鸥、夕阳里归家的牛犊,这些乡村特有之景,绘就了一幅层次分明、色彩丰富、清新活泼而极富美感的画面。

读着诗,我们可以猜测,诗中或许还有一名早出晚归的农民吧!拔秧、抛秧、接秧、插秧……一天的劳作虽然辛苦,但想着自己的辛勤付出可以换来丰收,心里会觉得幸福和满足。这便是生活的简单和美好,这便是劳动的意义和乐趣。

(邓娜娜)

90

插秧歌

[宋] 杨万里

田夫抛秧田妇接,小儿拔秧大儿插。
笠是兜鍪①蓑是甲,雨从头上湿到胛②。
唤渠③朝餐④歇半霎⑤,低头折腰只不答:
"秧根未牢莳⑥未匝⑦,照管鹅儿与雏鸭。"

〔注释〕

①兜鍪(móu):头盔。②胛(jiǎ):肩胛。③渠:代词,表第三人称。④朝餐:早饭,吃早饭。⑤半霎:指极短的时间。⑥莳(shì):移栽。⑦匝:遍,满。

〔译文〕

丈夫把秧苗扔给妻子,小儿子拔秧苗,大儿子插秧。

把斗笠当作头盔,把蓑衣当作盔甲,雨水从头流入脖颈沾湿肩膀。

妇人呼唤丈夫、儿子歇息一会儿,先把早饭吃了,大家却都弯腰低头忙着,无人响应。

"秧苗还未栽稳,稻田还没有插完,你赶紧照看好家里的小鸭小鹅们。"

〔解读〕

插秧是农村的一项重要农事活动。诗歌开篇点题,直接叙事。插秧是季节性很强的劳动,要在短时间内高效地完成繁重的任务,就需要调动尽可能多的劳动力参与其中。诗中,参与插秧有的"田夫""田妇""小儿""大儿",可知农家是全家总动员,这也突出了插秧的繁忙、紧张。"抛""接""拔""插"等动词,将一家老小的劳作真切地表现了出来。该吃早饭了,大家却都还埋头劳作,嘱咐农妇:"我们抓紧插秧,你快去照看好小鸭小鹅们。"劳动是光荣的,崇高的,伟大的,也是最美丽的。

(邓娜娜)

91

减字木兰花·莎衫筠笠

[宋] 卢炳

莎衫筠笠。正是村村农务急。
绿水千畦。惭愧①秧针②出得齐。

风斜雨细。麦欲黄时寒又至。
馌妇耕夫。画作今年稔岁图。

〔注释〕

①惭愧：此处为难得、侥幸之意。②秧针：指初生的稻秧。稻秧初出水面时纤细如针。

〔译文〕

农民们身披蓑衣，头戴斗笠，在田间忙碌，此时正是家家户户农忙的时节。千畦绿水中，嫩嫩的秧苗长得格外整齐，十分难得。

斜风细雨交织，小麦快要黄熟时天又变冷了。男人们耕作，女人们把饭送到田里来。这些景象描绘出一幅丰收在望的农忙图。

〔解读〕

本词主要描写四月农忙的画面，表达词人对农民劳作生活的关心以及对农民勤劳品质的赞美。

"莎衫筠笠"描写了农民们戴着斗笠、披着蓑衣，在田间忙碌劳作的样子。"绿水千畦。惭愧秧针出得齐"写出了田间的秧苗长势喜人。"风斜雨细。麦欲黄时寒又至"描写了时节的变化：小麦将熟，天气转冷。"馌妇耕夫"描写了农夫在田里辛勤劳作，农妇把饭送到田里。全词意象和谐，构成了一幅农忙的耕作图。

（乐焰萍）

92

闻田家插秧已毕

[宋] 王炎

闻道田家日夜愁,
黄云①白雪不全收。
稻畦②插遍青如染,
满望今年倍有秋。

〔注释〕

①黄云:黄色的云气。一说为雪天之云,下雪天的云,其色黄于常云。
②稻畦:稻田。

〔译文〕

听说农人日夜都在发愁,担心黄色云气和大雪让庄稼受损。
插满秧苗的稻田就像被青色染过,十分希望今年秋天能有大丰收。

〔解读〕

首句以诗人听说田家的"愁"为切入点,以"黄云""白雪"说明了农人忧愁的原因，展现了农民对气候的关注以及对作物成长、收成的牵挂。接着将插满秧苗的农田比作被青色染过，将农人忙碌后稻田的样子展现在读者眼前。尾句以"满望""倍有"二词，表现了农人对丰收的强烈盼望。

  本诗风格质朴，语言形象生动，巧用比喻修辞和丰富的色彩，将劳动人民辛勤劳动后的心情细致描绘出来，表达了劳动人民渴望丰收的心情。

（郑格格）

93

南柯子·山冥①云阴重

[宋] 王炎

山冥云阴重,天寒雨意浓。

数枝幽艳②湿啼红③。莫为惜花惆怅对东风。

蓑笠朝朝出,沟塍④处处通。

人间辛苦是三农⑤。要得一犁水足望年丰。

〔注释〕

①冥：昏暗，幽深。②幽艳：指在暗处的花。③啼红：喻指女子悲伤的眼泪，此处指花朵上逐渐聚成水珠，像噙着眼泪。④沟塍：农田中的水沟和田埂。塍，田埂。⑤三农：指一年中的三次农忙，即春耕、夏耘、秋收。

〔译文〕

山色沉暗，彤云密布，天气寒冷，下着蒙蒙细雨。

几枝幽艳的花朵上沾着晶莹的水珠，像是少女眼中含着泪。不要因为风风雨雨摧残着美丽的花朵而惆怅满怀,对着东风无病呻吟。

农人们披着蓑衣,戴着斗笠,天天清早就出门,田里的沟渠和田埂处处相通。

人世间最辛苦的是春耕、夏耘、秋收。要犁透田,灌足水,盼望丰收。

〔解读〕

这首词描写的是农民的劳动生活。上片以景语起:山色昏暗起来,黑云密布,天气越来越冷,细雨蒙蒙。在写了环境天气之后,词人由整体写到局部,描写了映入眼帘的几枝凝聚水珠、楚楚可怜的娇花。按宋词一贯的写法,我们猜测词人大概要伤春惜花了,但接下来两句,词人却奉劝人们不要对着东风伤春惜花,怅惘忧愁,这种构思可以说是不落俗套了。

下片又将描写对象转移为每天在农田中劳作的农民和四通八达的水沟和田埂,简单两句,勾勒出不避风雨、终年劳作的农民生活,引出"人间辛苦是三农"的感叹。"三农",指春耕、夏耘、秋收。五谷丰登是农民们的期盼,在这阴雨连绵的时刻,人们盼望的是有充足的雨水,能够让作物生长。至于伤春惜花,他们没有时间,更没有闲情逸致。

词人通过描写农民不避风雨、辛勤劳作的生活,发出"人间辛苦是三农"的感叹,表达了期盼风调雨顺、五谷丰登的心情,抒发了同情农民的思想感情。

(乐晓岚)

94

清平乐·村居

［宋］辛弃疾

茅檐①低小，溪上青青草。
醉里吴音②相媚好③，白发谁家翁媪④？

大儿锄豆⑤溪东，中儿正织鸡笼。
最喜小儿亡赖⑥，溪头卧剥莲蓬。

〔注释〕

①茅檐：茅屋的屋檐。②吴音：吴地的方言。作者当时住在带湖（今属江西），这一带古属吴地，方言为吴音。③相媚好：指相互逗趣取乐。④翁媪（ǎo）：老翁和老妇。⑤锄豆：锄掉豆田里的草。⑥亡（wú）赖：同"无赖"，指小孩顽皮。

〔译文〕

茅草屋的屋檐又低又小，溪边长满了翠绿的小草。
谁家白发老公公、老婆婆，说着含有醉意的吴地方音，相互逗趣？

大儿子在小溪东边的豆地里锄草，二儿子在家里忙着编织鸡笼。

最令人喜欢的是顽皮的小儿子，他正趴在溪头草丛，剥着刚刚采摘下来的莲蓬。

〔解读〕

本词上片勾勒环境，烘托气氛，用白描手法描写了茅檐、溪、青草这些景物，形象地描画出了江南农村的景色，为人物的出现做好了铺垫。在这样的背景中，有带着醉意说话、相互逗趣的声音，显得温柔婉媚，待走到说话的人面前，才发现说话的并不是年轻人，竟是两位白发苍苍的老人。从"醉里""相媚好"可以看出他们生活安宁，精神愉快。

下片写老公公、老婆婆的三个儿子，展示了愉快和谐的农村劳动场面。大儿子锄草，二儿子编织鸡笼，诗人在"小儿"身上着墨最多，共写了两句，占全篇的四分之一。"溪头卧剥莲蓬"展现了小儿子无忧无虑、天真活泼的神态，字里行间亦展现了诗人的欢喜。

这首词有浓厚的农村生活气息，读者能强烈感受到作者对农村恬静劳动生活的向往之情。

（乐晓岚）

95

乡村四月

[宋] 翁卷

绿遍山原①白满川②,

子规③声里雨如烟。

乡村四月闲人少,

才了④蚕桑⑤又插田⑥。

〔注释〕

①山原：山陵和原野。②白满川：指稻田里的水映着天光，白茫茫一片。川，低而平坦之地。③子规：鸟名，即杜鹃。④了：结束。⑤蚕桑：种桑养蚕。⑥插田：插秧。

〔译文〕

山陵和原野间绿油油的草木十分茂盛，稻田里的水色与天光交相辉映，一片白茫茫。

杜鹃声声啼叫，烟雨蒙蒙，大地一片生机勃勃。

乡村的四月,农人们都在田间忙着,闲散的人很少。

刚刚忙完了养蚕种桑,又要赶着去田里插秧了。

〔解读〕

《乡村四月》描绘了四月乡村农忙景象。草木茂密的山野,稻田里的水色与天光相辉映,远处不时传来清脆的杜鹃鸟叫声,又渐渐地消散在蒙蒙的细雨中。农民辛勤地劳作,几乎看不到闲人。刚刚忙完了养蚕种桑,又要赶着去田里插秧了。前两句从视觉和听觉的角度,写出了美丽和谐的乡村景色,后两句着重刻画农忙的场景,突出人们的辛勤耕作,字里行间无不透露出诗人对乡村生活的热爱之情。

(廖丹)

96

插秧歌

[宋] 刘学箕

农夫戢戢①清波阔,秧稻茸茸②森石发③。
父儿呼唤手拔齐,千把万把根连泥。
四更乘月躅④陇陌⑤,晓烟⑥渐散东方白。
归来喫得饭一盂⑦,担到田头汗似珠。
蹲身擘⑧丛种入土,不问朝昏与亭午。
肌肤剥裂肉起皮,烈日才阴又风雨。
秋收幸值岁⑨稍丰,谷贱无钱私债重。
连忙变转了官赋⑩,霜雪冻饿愁苦穷。
吁嗟四民⑪天地间,服田⑫力穑⑬良独艰。
寄言安坐西方辈,汝饱不惭吾厚颜。

〔注释〕

①戢(jí)戢:密集、众多的样子。②茸茸:柔细浓密的样子。③石发:生于水边石上的苔藻。④躅(zhuó):踩踏。⑤陇陌:田间小路。⑥晓

烟：指拂晓时分的雾气。⑦盂（yú）：一种盛汤浆或食物的器皿。⑧擘（bò）：分开，分裂。⑨岁：年成，收成。⑩官赋：国家征收的赋税。⑪四民：老百姓。⑫服田：种田，耕作。⑬穑（sè）：收获谷物，泛指耕作。

〔译文〕

　　许多农夫聚集在清澈开阔的水田中劳作，稻秧长得细密，水边石上的苔藻长得繁密。

　　父子呼喊着一齐拔秧苗，千千万万的稻秧被拔出，根都带着泥土。

　　半夜踏着月光走在田垄上，早晨如烟般的雾气渐渐散去，东方的天空慢慢泛白。

　　回来吃了一大盂饭，挑担到田头，汗水似珠子一样滴下。

　　蹲下身子将土挖开种入种子，一整天都不停歇。

　　皮肤晒得皲裂脱皮，烈日刚刚才转阴，没一会儿又风雨交加。

　　正庆幸今年的收成稍稍好一些，又担心稻谷卖不出好价钱，私债变重。

　　于是连忙将它换成赋税交给官府，寒冷的冬天又苦于没有粮食，冷饿交加，愁苦不堪。

　　叹息天地间的老百姓，光靠耕种生活确实很艰难。

　　我借这首诗传话给那些安座的达官贵人，你们吃饱了不觉得惭愧，我却觉得惭愧。

〔解读〕

　　插秧是一项非常辛苦的劳动，本诗着重描绘了一对父子辛勤劳动的场景。他们一边呼喊一边拔秧苗，挑担到田头，播种、插秧、收割，汗如雨下，一年到头不分日夜地劳作，辛苦劳作所得的粮食却都上交赋税，自己依然挨冻受饿。而达官显贵们不劳作却能衣食无忧，封建社会之不公可想而知。这首诗表达了诗人对劳动人民的深切同情和对不劳而获的封建统治阶级的严厉批判。

（肖月涵）

97

赤日炎炎似火烧①

[明] 施耐庵

赤日②炎炎③似火烧,
野田禾稻半枯焦④。
农夫心内如汤煮,
公子王孙把扇摇。

〔注释〕

①本诗选自《水浒传》第16回。②赤日:红日,烈日。③炎炎:炽热旺盛的样子。④枯焦:干枯,多用以形容干旱的植物。

〔译文〕

炎炎烈日如火在烧,野田里的禾苗都被烤得半枯。

农民内心急得像烧热水一样,贵族子弟却悠闲地摇着扇子。

〔解读〕

在酷热难耐的夏天,农民眼睁睁看着自己田地里的稻禾干死,心里急得像在热水里煮、油上煎一样。而那些贵族子弟，什么也不用做，只管悠闲地摇起扇子扇凉。一边是辛勤劳作生存处境依然残酷的农民，一边是享乐的贵族，暗示了北宋王朝尖锐的阶级矛盾，也照应了《水浒传》一书中好汉们最终聚义梁山、替天行道的故事。那种只知享乐而不懂用劳动换取美好生活的人，最终会被历史抛弃。

（朱晓婷）

98

田间

［清］汪楫

小妇扶犁大妇耕,
陇头①一树有啼莺。
儿童不解春何在,
只向游人多处行。

〔注释〕

①陇头：田头。陇，同"垄"，田埂，泛指田地。

〔译文〕

年轻的农妇扶着犁，年长的农妇耕田，田头翠绿的树上有黄莺在鸣啼。小孩不知道春天在哪里，只知道在游人多的地方追逐玩耍。

〔解读〕

草长莺飞的春天，大人们在田间劳作，犁地耕田，天真的孩子们不知道春天在哪里，不理解"一年之计在于春"，不懂得珍惜春天，只向"游人"多的地方跑,追逐玩耍。诗中的"游人",其实多是在田间劳作的农民。孩子不知道大人劳作的辛苦,以为劳作就是游玩。其实,"游人"多的田间就是春天的所在,劳动就是希望的所在。

(朱晓婷)

99

山行

［清］姚鼐

布谷飞飞劝早耕，
春锄扑扑①趁初晴。
千层石树通行路，
一带山田放水声。

〔注释〕

①扑扑：形容奔走劳顿的样子。

〔译文〕

布谷鸟飞来飞去劝人们早些耕种，趁着天刚放晴，春耕的人们扛着锄头开始劳作。

山上石树层层，通向山路，一路都是山村里耕田放水的声音。

〔解读〕

这首诗首句以布谷鸟的声音，营造了春耕的氛围，第二句以"趁"字点明大好春光转瞬即逝，写出农人对春耕时光的珍惜。第三句以漫步在山间的视角，写出了诗人边登山边赏景的悠闲情致，为最后一句"听山田放水声"做铺垫。

　　本诗写诗人山行时的所见所闻，语言生动活泼，构思巧妙，将自然景物与劳动场景融为一体，流露出对大自然秀美风光与劳动人民辛勤劳作的赞美之情。

（郑格格）

100

吴兴①杂诗

[清]阮元

交流四水②抱城斜,
散作千溪遍③万家。
深处种菱④浅种稻,
不深不浅种荷花。

〔注释〕

①吴兴:在今浙江湖州。②交流四水:即"四水交流"。交,交错、交叉。③遍:遍布,布满。④菱:俗称"菱角",一年生水生草本,水上叶菱形,叶柄上有浮囊,夏末秋初开花,花白色或淡红。果实有硬壳,大都有角,果肉可食用。

〔译文〕

四条河流交错环绕着吴兴城,曲折地流向城墙偏隅一角,分散为若干条支流,流经千万户人家。

生活在这里的居民们因地制宜，在水深之处种上菱角，在水浅之处种植水稻，于不深不浅的水域种上荷花。

〔解读〕

这首诗是一首劳动赞歌，语言清新明丽，描绘了一幅江南水乡图。劳动者"深处种菱浅种稻，不深不浅种荷花"的劳作画面，更加彰显出劳动者善于因地制宜的农作智慧。

在首联和颔联，诗人使用"交流""散作""遍"三个动词连起"四水""千溪""万家"，形象生动地展现出吴兴"千溪"与"万家"纵横交错的地理状貌，使我们仿佛身临其境。而环城奔流的小河，也给江南带来了勃勃生机。生活在这里的劳动人民，深谙吴兴的地理条件，因地制宜，科学安排，根据水的深浅来种植不同的植物，"深"处种"菱"，"浅"处种"稻"，"不深不浅"处则种"荷花"。等到夏秋交替之际，或白或红的菱花、黄灿灿的稻穗、红艳艳的荷花相互辉映，将是何等令人心旷神怡！

（阮伶俐）

101

秋日田家杂咏

[清] 黄燮清

西风八九月，积地秋云①黄。
力田②已告成，计日宜收藏。
刈获③须及时，虑为雨雪伤。
农家终岁劳，至此愿稍偿。
勤苦守恒业④，始有数月粮。
嗟彼豪华子，素餐⑤厌膏粱⑥。
安坐废手足，嗜欲毒其肠。
岂知民力艰，颗米皆琳琅⑦。
园居知风月⑧，野居⑨知星霜。
君看获稻时，粒粒脂膏香。

〔注释〕

①秋云：喻指秋天成熟的稻子像云。②力田：努力耕田。③刈获：收割，收获。④恒业：指家庭的固定产业。⑤素餐：吃白饭，不劳而食。

⑥膏粱：肥肉和细粮，泛指肥美的食物。⑦琳琅：美玉。⑧风月：泛指景色。⑨野居：居住在乡野。

〔译文〕

　　八九月的秋风吹过，成熟的稻子如云一样大片大片的，颜色金黄。

　　一年的耕作已经结束了，计算好适宜收粮藏粮的日子。

　　应该及时收割谷物，担忧它可能会被雨雪所伤。

　　农民一整年都在辛苦劳作，到现在才稍微实现一点心愿。

　　辛苦勤劳地一直劳作才守住产业，有了几个月的粮食。

　　嗟叹那些富家子弟，不劳而获却吃腻了肥美的食物。

　　不劳动的话都脚都会失去作用，放纵食欲像毒药一样会伤害身体。

　　怎么能够知道人民劳作的艰苦？每一粒米都是宝物。

　　居住在院子里，了解的都是风景；居住在乡野，了解的是天气与时节。

　　你看一看收获稻谷的时候，每一粒米都有醇厚的香味。

〔解读〕

　　这首诗描写的是诗人于秋天稻谷丰收时的所见所感。诗人先描写了收获时节成熟的稻谷与劳动人民忙收藏的景象，展示出劳动人民在一年的艰辛劳动后收获粮食的不易。诗的后半部分将不事农耕、不知人间疾苦的富家子弟与辛勤劳作的劳动人民对比，揭露了封建社会不同阶级之间存在的不平等现象。全诗读来朗朗上口，表达了诗人对劳动人民的关切与怜悯。

（肖月涵）